입을수록 편안한
루즈핏 원피스

니가무 사치코 지음

contents

Lakshmi Photo P.4

락슈미

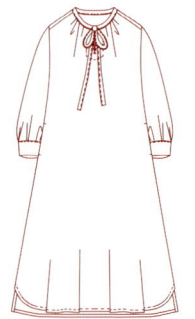

Veda Photo P.6

베다

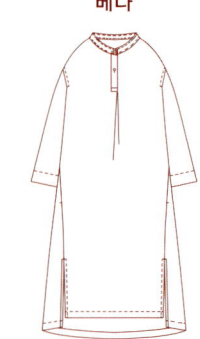

Amrita Photo P.8

암리타

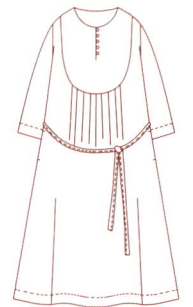

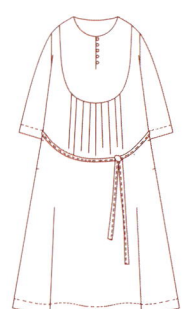

Kareena Photo P.10

카리나

Lilavati Photo P.12

릴라바티

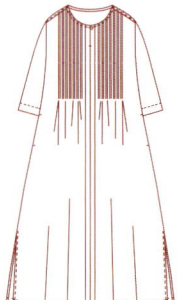

Anushka Photo P.14

아누쉬카

이 책에 실린 작품을 복제하여 판매하는 것을 금지합 니다.
개인적으로 만드는 용도로만 사용하세요.

Eila Photo P.16

에일라

Saraswati Photo P.18

사라스와티

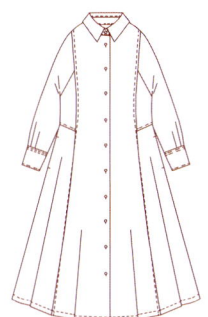

Priyanka Photo P.20

프리얀카

Sarika Photo P.22

사리카

기본   변형 1   변형 2   변형 3

Photo P.24   Photo P.26   Photo P.27

Kiara Photo P.28

키아라

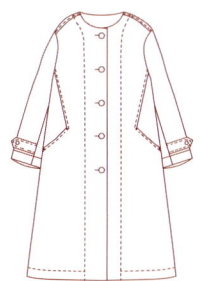

Maya Photo P.30

마야

기본   변형

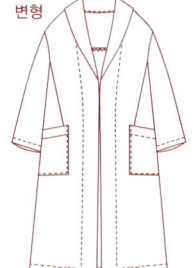

Photo P.24

How to make P.33

옷 만들기의 기본 P.34

1

락슈미

목둘레에 가는 보타이를 달고 커프스에는
굵은 인도 자수 리본을 달았습니다.
단순하고 만들기 쉬운 디자인이며 겹쳐 입기도
적당해서 일 년 내내 입을 수 있는 원피스입니다.
같은 디자인으로 블라우스도 만들었어요.

Lakshmi

How to make P.36

2

Veda

How to make P.39

Coordinating item P.27 (다른 옷감)

베다 뒤판에 완만한 곡선으로 넣은 절개선이
포인트입니다. 곡선 끝에 주머니가 이어지는
디자인도 재미있어요. 앞트임은 간단한
구조로 만들었습니다. 살짝 작업복 느낌도
나서 편안하게 입을 수 있는 루즈핏 옷입니다.

Amrita

How to make P.69

암리타

둥근 바대의 절개가 눈길을 끕니다.
몸판에는 접박기를 넣어서 넉넉하고 편안합니다. 무늬×민무늬의 조합을 고려해도 재미있고 단순하게 한 가지 색으로 만들어도 좋아요. 같은 디자인으로 7부 소매도 만들 수 있습니다.

Kareena

How to make P.41

카리나

앞판이 단순하기 때문에 뒤판의 리버티프린트의 선명한 무늬가 한층 돋보입니다. 커프스에도 같은 무늬를 사용해서 통일감을 주었습니다. 뒤판에 단 장식 허릿단은 뒷모습을 정리해 줍니다.

5

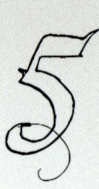

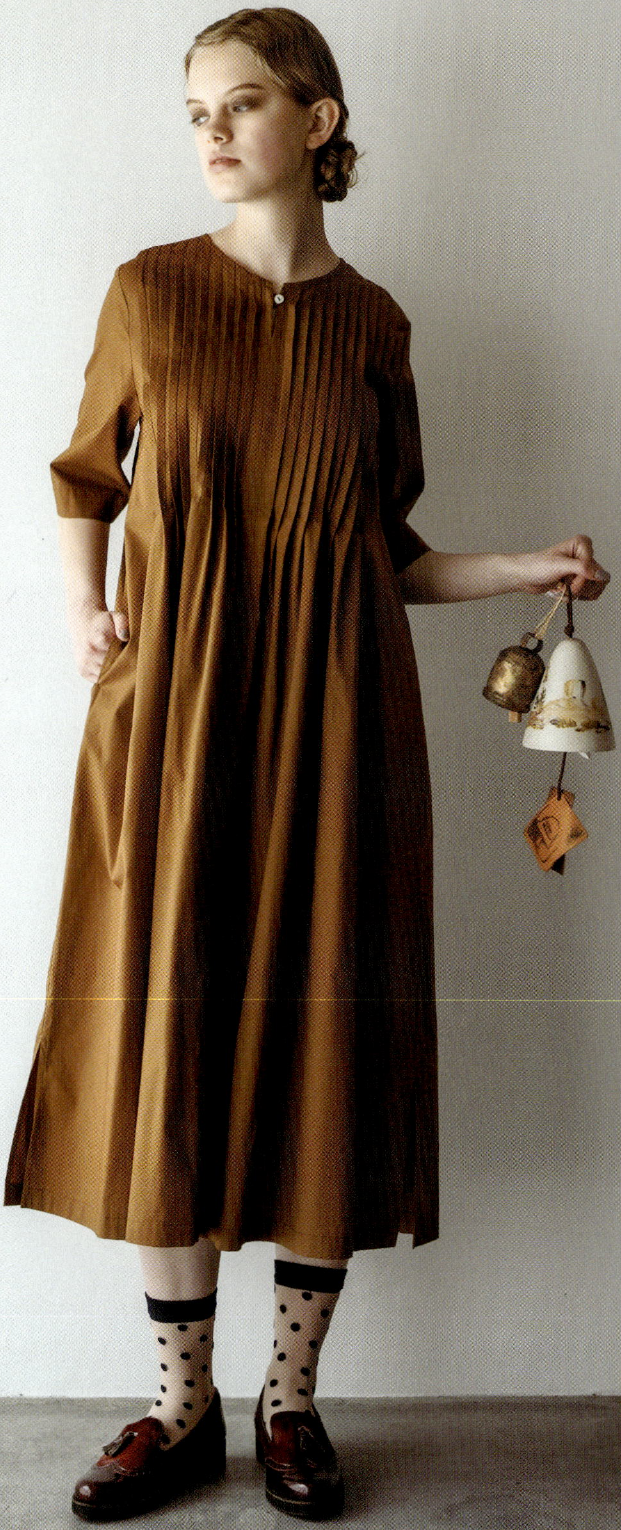

Lilavati

How to make P.44

릴라바티

앞판에도 뒤판에도 접박기를 넉넉히 넣어서 만들었습니다. 상반신은 세로선이 강조되어 날씬하게 보이고 밑단으로 갈수록 풍성해져서 보기 좋게 균형이 잡힙니다. 같은 디자인으로 블라우스도 만들 수 있습니다. 소매는 각각 5부와 7부로 만들었습니다.

Anushka

How to make P.47

아누쉬카 허리에 주름을 잔뜩 잡아서 넉넉한 느낌을 주었고. 인도의 핸드 블록 프린트를 조합하여 사용했습니다. 몸판과 스커트의 절개가 만들어 내는 기분 좋은 여유를 즐겨 보세요.

Eila

How to make P.49

에일라   둥글게 절개한 바대로 악센트를 주었습니다.
원피스는 절개 부분에 테이프를 끼워서
포인트로 삼았습니다. 소맷부리에 고무줄을
넣어서 잡은 미니 프릴이 귀여워요.
같은 디자인으로 블라우스도 만들 수 있습니다.

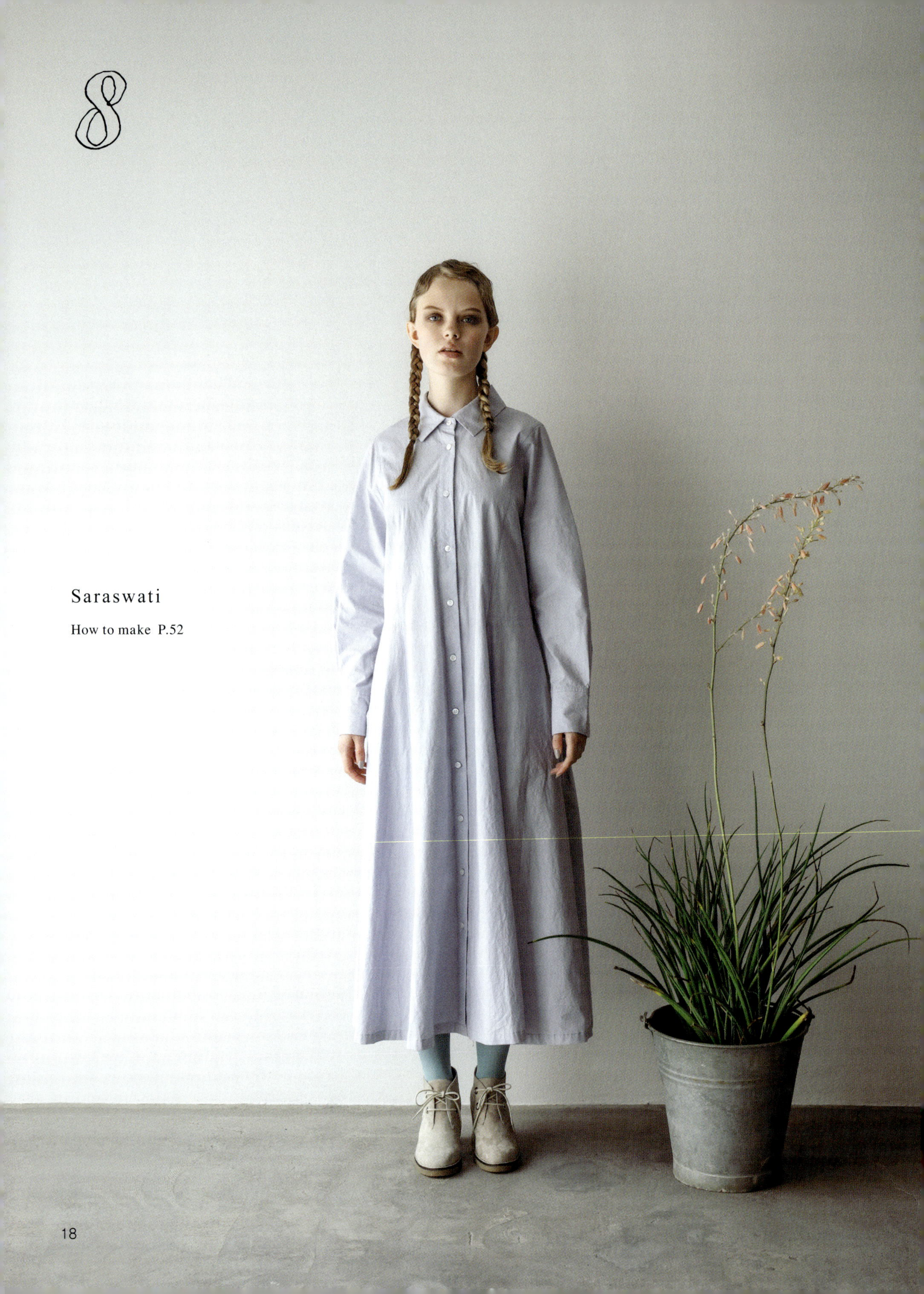

8

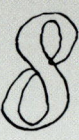

Saraswati

How to make P.52

사라스와티

아이디어를 한껏 살려서 만든 셔츠 원피스. 큼직한 옷깃, 옆판의 절개선, 스커트 뒤판의 접박기, 소맷부리 커프스 등 작업 하나하나 공들여서 만들어 보세요. 길이가 조금 긴 롱 셔츠 원피스 디자인입니다.

Priyanka

How to make P.54

프리얀카   티어드 스타일이라서 귀여운 느낌이 듭니다.
소매는 조금 짧은 8부로 만들어
균형을 살렸습니다. 같은 디자인의 블라우스는
긴소매로 만들어 봤어요.
무늬×민무늬의 조합이 멋지답니다.

Coordinating item P.27 (다른 색)

10

Sarika

How to make P.57

사리카 기본 원피스

앞판은 카슈쾨르 스타일로, 뒤판은
카슈쾨르에서 이어지는 넓은 어깨끈이
인상적입니다. 스커트에 접박기를 넣은
차분한 느낌으로 입기도 편합니다.
안에 받쳐 입는 옷을 바꾸면
일 년 내내 입을 수 있습니다.

Sarika's Arrange 1

How to make P.60

사리카 변형1 **멜빵바지**

아래를 팬츠로 바꿔서 멜빵바지를 만들었습니다.
몸판에 넣은 다트가 멋진 스타일을 연출합니다.
팬츠에는 뒷주머니를 달았습니다.

Sarika's Arrange 2

How to make P.59

사리카 변형 2 스커트

스커트 부분을 변형해서 만들었습니다.
허릿단이 넓어서 허리 부분이 들뜨지 않기 때문에
성숙한 분위기가 나는 스커트입니다.

Sarika's Arrange 3
How to make P.63

사리카 변형 3 바지

바지 부분을 변형해서 만들었습니다. 여유 있게 만들어 착용감이 편안합니다. 밑단은 아이디어가 돋보이는 다트×안단 디자인입니다.

11

Kiara

How to make P.64

키아라 칼라 없는 코트. 옆판에서 이어지게 만든 주머니가 개성적입니다. 뒤판에는 센터 벤트를 넣어서 걷기 편합니다. 단순하면서도 공들인 디자인이 돋보입니다.

Maya

How to make P.66

마야 기본 쇼트 재킷

숄칼라를 단 짧은 재킷. 몸판과 이어진 옷깃이 주름 없이 편편한 모양이 잘 나오도록 만드는 것이 포인트입니다.
뒤판에는 바대 절개×접박기를 넣었습니다.

Coordinating item P.27 (다른 색 옷감)

마야 변형 롱 재킷

길이를 늘여서 롱 가운 스타일로 변형했습니다.
몸판 옆쪽에는 주머니를 달았습니다. 어떤 차림에도
가볍게 걸칠 수 있어서 활용도가 높은 코트입니다.

Maya's Arrange

How to make P.66

How to make

- 이 책에는 사이즈 1(S~M)과 사이즈 2(L~LL)를 실었습니다. 각 사이즈의 신체 치수는 아래 기준표와 만드는 법 페이지에 있는 완성 치수를 참고하세요.
- 부록인 실물 크기 옷본에는 시접이 포함되어 있습니다. 바깥쪽 굵은 선이 재단선, 안쪽 가는 선이 완성선입니다.
- 직선으로 된 부분은 옷본이 없는 것도 있습니다. 이 경우에는 '옷본을 마름질하는 법'에 있는 치수를 참고하여 옷감에 직접 선을 그려서 마름질합니다.
- 옷감 필요량의 표기는 너비×길이입니다. 특별히 지정되지 않은 치수의 단위는 cm입니다.

	사이즈 1	사이즈 2
가슴둘레	79~86cm	86~95cm
허리둘레	63~69cm	69~79cm
엉덩이둘레	86~94cm	94~102cm
키	155~163cm	163~170cm

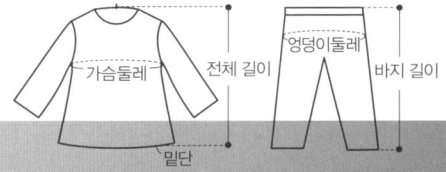

옷 만들기의 기본

필요한 도구

재단 가위, 쪽가위
옷감이나 실을 자르기 위한 가위.

늘어남 방지 테이프 1cm
주머니 입구나 어깨선 모양을 유지하기 위해 사용한다. 완성선에 조금 걸쳐지게 붙인다.

열접착 양면테이프 5mm
다려서 간단히 붙일 수 있는 거미줄 상태의 테이프. 임시로 고정할 때 사용한다.

시침핀
옷감과 옷본을 고정하거나 옷감 여러 장을 고정할 때 사용한다.

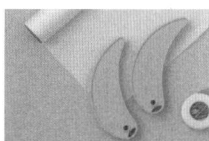

패턴지와 문진
실물 크기 옷본을 옮겨 그릴 때 사용한다.

초크 펜
실물 크기 옷본이 없는 부분을 옷감에 그리거나 표시할 때 사용한다.

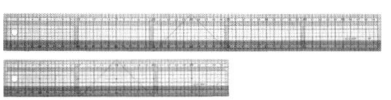

자
길이 30cm, 50cm에 0.5cm 간격으로 모눈이 인쇄된 제품이 편리하다.

실뜯개, 송곳
(왼쪽) 단춧구멍을 뚫을 때 사용한다. (오른쪽) 옷감에 표시할 때, 재봉틀로 박을 때 옷감을 앞으로 보내거나 모서리를 정리할 때, 바늘땀을 풀 때 등 세밀한 작업에도 편리하다.

초크 페이퍼와 룰렛
옷감과 실물 크기 옷본 사이에 초크 페이퍼를 끼우고 위에서 룰렛을 굴려서 누르면 옷감에 표시된다. 다트나 주머니 다는 위치를 표시할 때 사용한다.

1. 옷감 준비

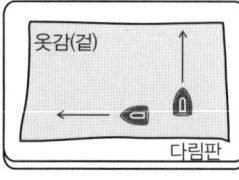

리넨, 면 등 물에 담그면 줄어드는 옷감은 1시간 정도 물에 담갔다가 살짝 짜서 올을 바로잡은 뒤에 그늘에서 반쯤 말립니다. 올이 가로세로 서로 직각이 되도록 식서 방향, 푸서 방향을 따라서 다림질하여 올을 정리해 둡니다.

2. 옷본 준비

부록 옷본에는 시접이 포함되어 있습니다.

- 사이즈 1의 안쪽 가는 선은 사이즈 1의 완성선입니다. 시접 폭의 기준으로 넣었으므로, 기본적으로 옮겨 그릴 필요는 없습니다.
- 패턴지 등 얇은 종이에 필요한 부분을 옮겨 그려서 사용합니다.
- 둘로 나뉘어져 있는 옷본은 같은 표시끼리 이은 뒤에 사용합니다.
- 식서 방향선, 맞춤점 등 옷본 안의 표시도 옮겨 그립니다.

3. 마름질

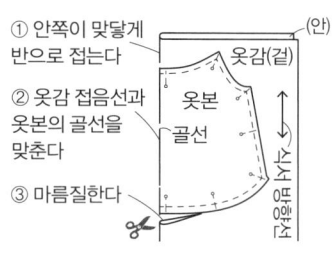

① 안쪽이 맞닿게 반으로 접는다
② 옷감 접음선과 옷본의 골선을 맞춘다
③ 마름질한다

- 준비한 옷본의 식서 방향선과 옷감의 세로 방향을 맞추고 시침핀으로 고정한 뒤에 마름질합니다.
- 옷본에 '골선' 표시가 있을 때는 옷감을 반으로 접어서 그 접음선에 '골선'을 맞추고 좌우대칭이 되도록 마름질합니다.
- '옷감을 마름질하는 법' 그림에 있는 옷감은 따로 지시가 없을 때는 안끼리 맞닿게 접은 것입니다.

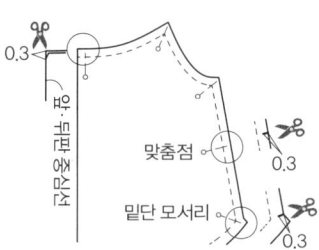

- 마름질이 끝나면, 옷본을 떼어내기 전에 맞춤점, 앞·뒤판 중심선, 밑단 모서리 등의 시접에 노치(0.3cm 정도의 가위집)를 넣습니다.
- 주머니 다는 위치나 접박기 표시 등은 초크 페이퍼와 룰렛, 또는 송곳을 이용하여 포인트의 구멍을 뚫고 초크 펜으로 선을 이어서 옮겨 그립니다.

4. 준비

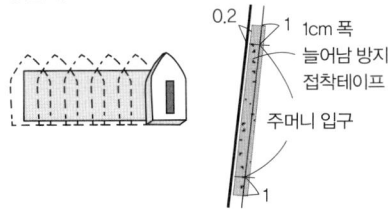
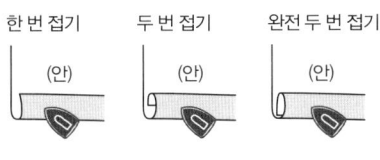
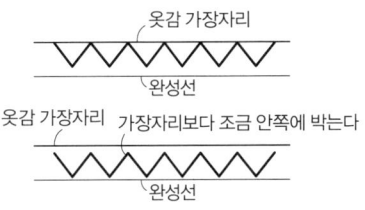

접착심지, 늘어남 방지 접착테이프를 붙인다

만드는 법 페이지의 '마름질하는 법'과 '준비'를 확인하여, 필요하면 접착심지와 늘어남 방지 접착테이프를 붙입니다. 접착심지는 틈이 생기지 않도록 다리미로 눌러 열과 압력을 주어서 떨어지지 않도록 붙입니다. 늘어남 방지 접착테이프는 완성선에 0.2㎝ 정도 걸쳐지게 붙입니다(1㎝ 폭 테이프를 사용할 때).

시접을 접는다

옷감이 평면일 때 미리 소맷부리, 밑단 등의 시접을 접어 둡니다.

지그재그박기를 한다

'옷감을 마름질하는 법'과 '준비'를 확인하여, 지시가 있으면 미리 지그재그박기를 합니다. 옷감 가장자리에 박기 어려울 때는 가장자리보다 조금 안쪽에 박습니다.

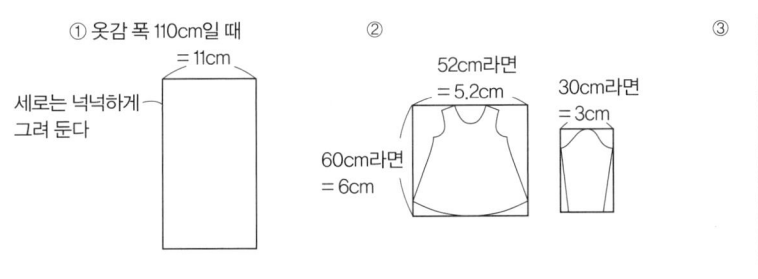

● **옷감 사용량 계산하는 법**

① 종이에 옷감 폭의 1/10 크기로 옷감 폭에 해당하는 사각형을 그린다.
② 사용할 옷본의 가로·세로에서 가장 긴 부분의 치수를 재서 1/10 크기의 사각형을 그린다.
③ ②의 사각형을 ①의 사각형 안에 필요한 장수만큼 늘어놓는다. 세로 길이를 재서 10배 한 치수가 대략적인 옷감 사용량이 된다.
※ 무늬 맞추기가 필요할 때는 사용량을 이보다 넉넉하게 잡는다.

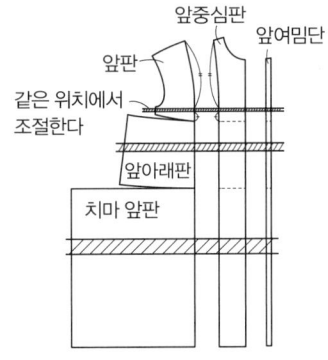

● **전체 길이 줄이기**

밑단 너비가 달라지지 않도록 해당 부분의 중간쯤에서 절개하여 치수를 줄이고 옆선을 다시 그립니다. 티어드처럼 박아서 잇는 부분이 있는 작품은 잇는 선의 거의 같은 위치에서 조절하여, 치수가 안 맞는 일이 없도록 합니다.

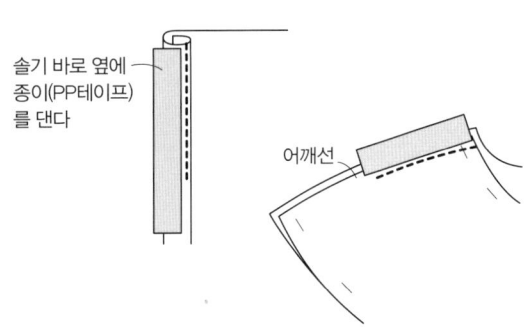

● **박을 때의 요령**

밑단 등 긴 직선을 박을 때 노루발 왼쪽에 종이나 PP테이프를 끼워서 박으면, 어긋나지 않고 깔끔하게 박을 수 있습니다. 잘 늘어나는 부분(예를 들어 올이 성긴 얇은 옷감을 사용할 때 어깨선 등)도 종이를 끼워서 박으면 늘어나는 것을 막아 줍니다.

1

락슈미 Photo P.4

Point

락슈미는 인도의 미와 행운의 여신. 단순한 디자인이지만 2장 소매로 뒤쪽이 봉긋하게 나오도록 만들었습니다. 앞판의 밑단 곡선은 큰 땀으로 성기게 박아 두면 곡선이 예쁘게 나옵니다.

완성 치수
(왼쪽에서부터 사이즈 1 / 사이즈 2)
가슴둘레 126.5 / 132.5cm
전체 길이 원피스 117 / 122cm 블라우스 59 / 62cm

재료(왼쪽에서부터 사이즈 1 / 사이즈 2)

● 원피스
- 리넨 60수 빨강 114cm 폭×340 / 350cm
- 1cm 폭 늘어남 방지 접착테이프 40cm
- 접착심지 40×30cm
- 5.5cm 폭 인도 자수 리본 60cm

● 블라우스
- 코튼 흰색 105cm 폭×190cm
- 접착심지 30×30cm

옷본
실물 크기 옷본 A면【 1 】
1-앞판, 2-뒤판, 3-안단, 4-소매 앞판, 5-소매 뒤판
【 공통 주머니 】

〈 만드는 순서 〉

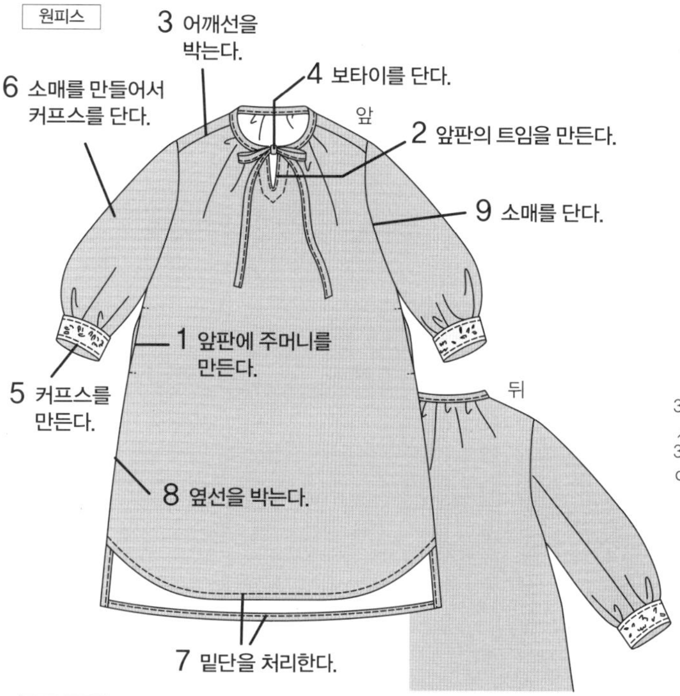
원피스
3 어깨선을 박는다.
4 보타이를 단다.
6 소매를 만들어서 커프스를 단다.
앞
2 앞판의 트임을 만든다.
9 소매를 단다.
1 앞판에 주머니를 만든다.
5 커프스를 만든다.
뒤
8 옆선을 박는다.
7 밑단을 처리한다.

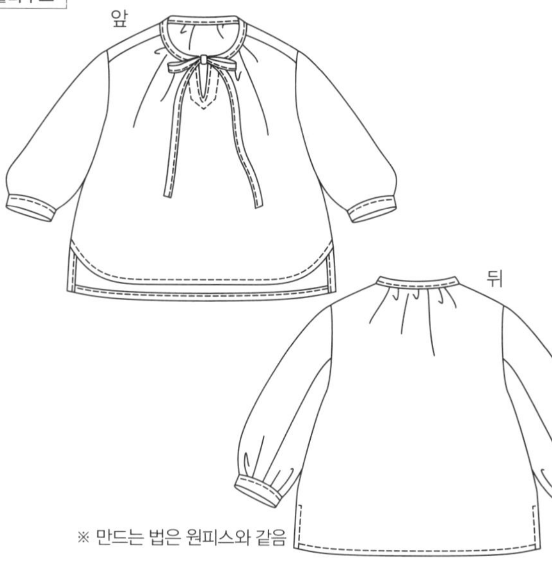
블라우스
앞
뒤

※ 만드는 법은 원피스와 같음

〈 옷감을 마름질하는 법 〉

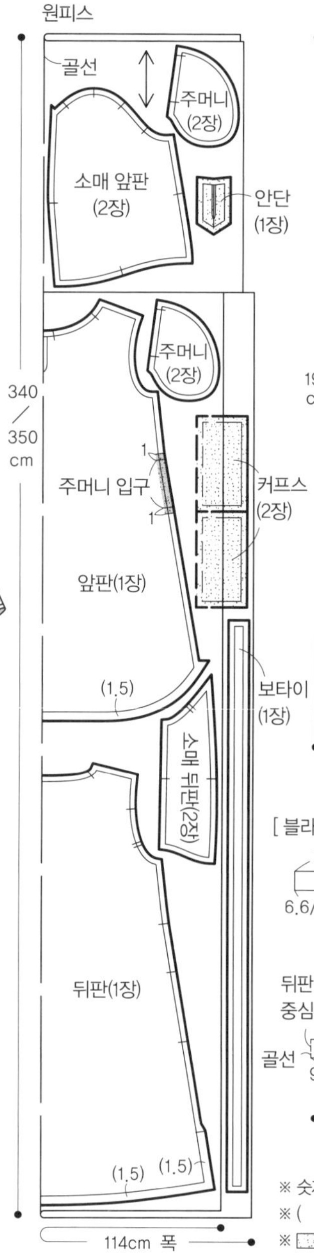
원피스
골선
주머니 (2장)
소매 앞판 (2장)
안단 (1장)
340 / 350 cm
주머니 (2장)
1
주머니 입구
1
커프스 (2장)
앞판(1장)
(1.5)
보타이 (1장)
소매 뒤판(2장)
뒤판(1장)
(1.5)
(1.5)
114cm 폭

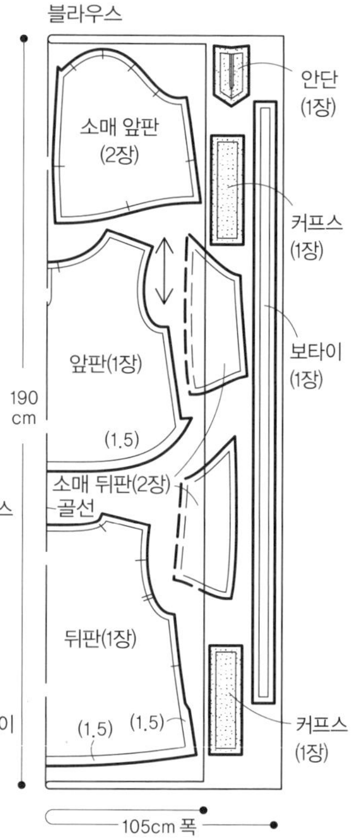
블라우스
안단 (1장)
소매 앞판 (2장)
커프스 (1장)
190 cm
앞판(1장)
보타이 (1장)
(1.5)
소매 뒤판(2장)
골선
뒤판(1장)
(1.5)
(1.5)
커프스 (1장)
105cm 폭

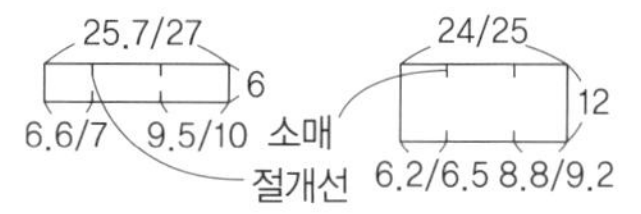
[블라우스 커프스]
25.7/27
6
6.6/7
9.5/10
소매 절개선
[원피스 커프스]
24/25
12
6.2/6.5
8.8/9.2

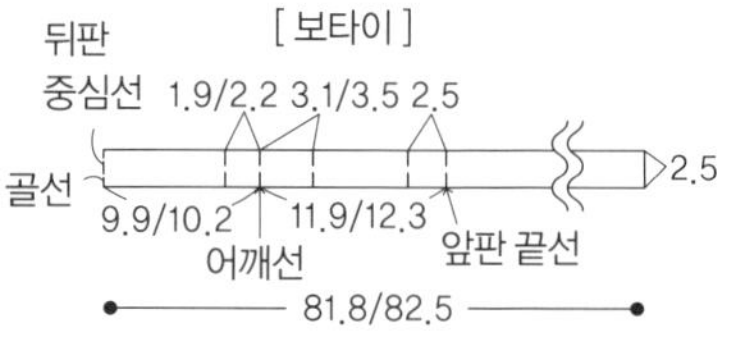
[보타이]
뒤판 중심선
1.9/2.2
3.1/3.5
2.5
골선
2.5
9.9/10.2
11.9/12.3
어깨선
앞판 끝선
81.8/82.5

※ 주위에 1cm 시접을 둔다

※ 숫자는 위(왼쪽)에서부터 사이즈 1 / 사이즈 2.
※ (　) 안은 시접. 정해진 곳 이외에는 1cm.
※ ▒ 는 뒷면에 접착심지를 붙인다.
※ ▓ 는 뒷면에 늘어남 방지 접착테이프를 붙인다.

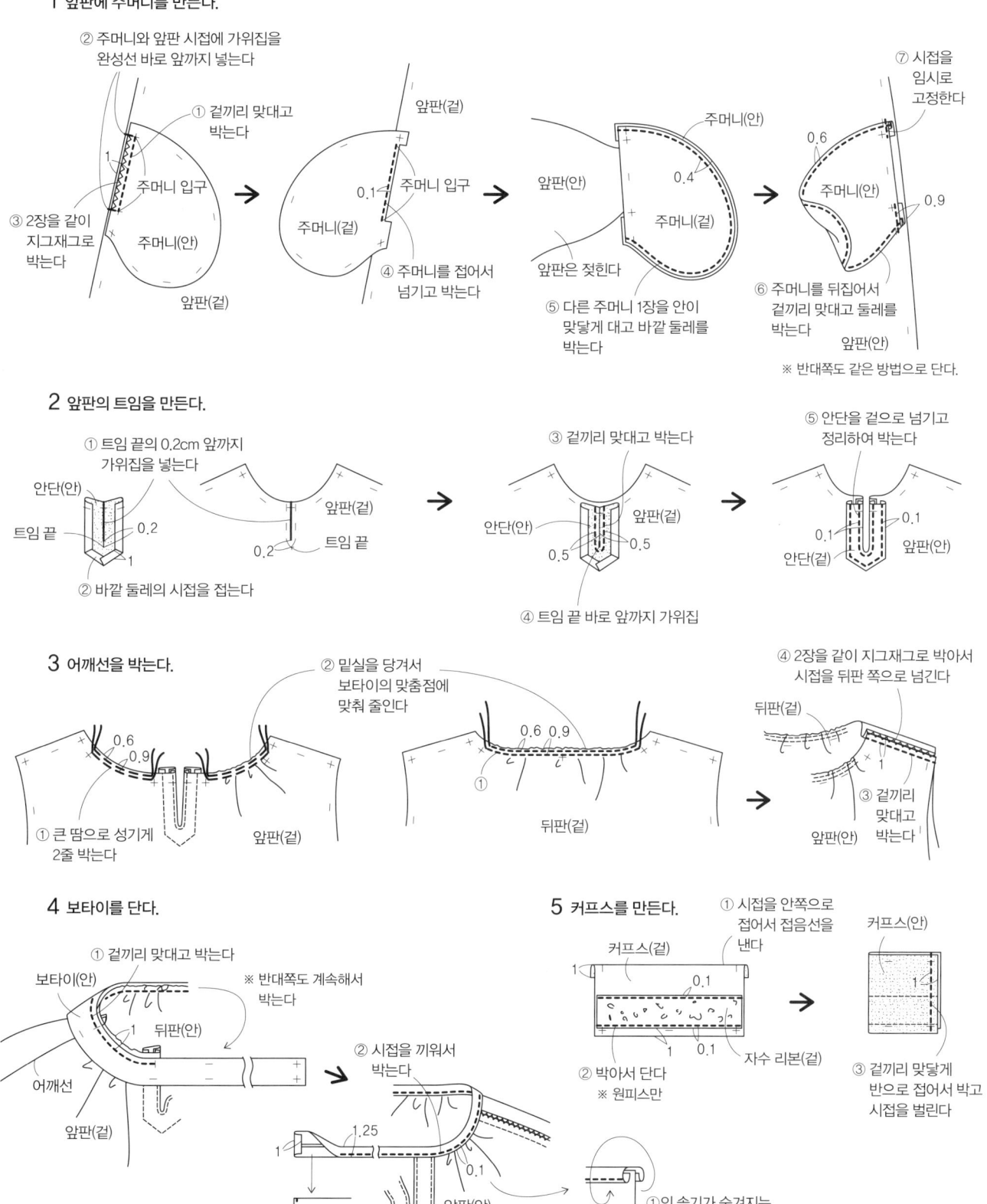

6 소매를 만들어서 커프스를 단다.

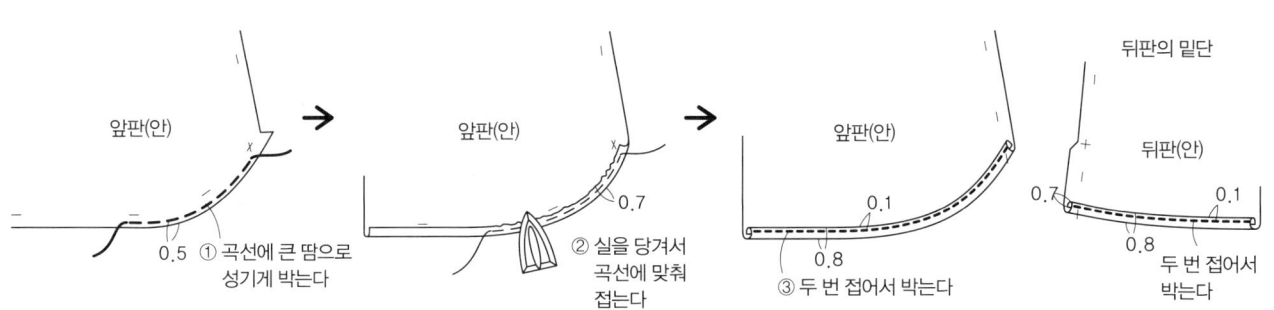

7 밑단을 처리한다.

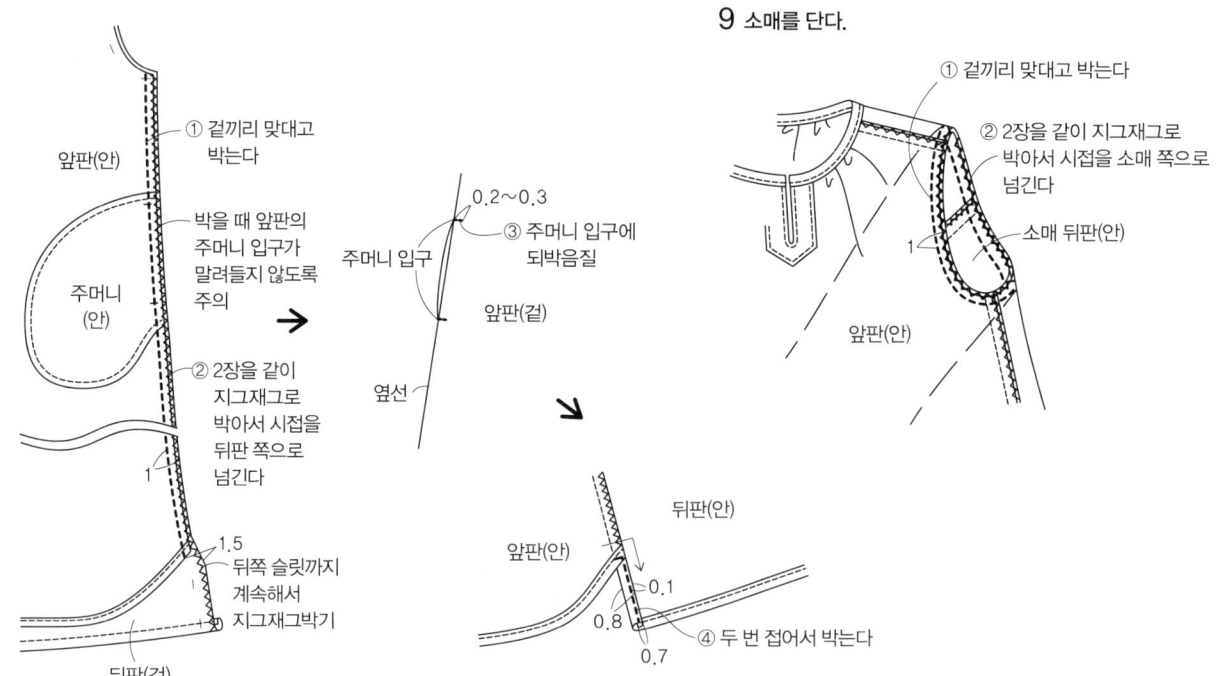

8 옆선을 박는다.

9 소매를 단다.

베다 Photo P.6

Point

얇은 옷감부터 두꺼운 옷감까지 다 어울리는 디자인. 앞여밈단은 단추 없이도 입을 수 있도록 트임을 깊게 했으므로 단추를 달지 않아도 괜찮습니다. 소매는 작품 ⑥번, ⑨번으로 달아도 됩니다.

완성 치수
(왼쪽에서부터 사이즈 1 / 사이즈 2)
가슴둘레 106 / 112cm
전체 길이 108 / 113cm

재료(왼쪽에서부터 사이즈 1 / 사이즈 2)
- 면마 웨더클로스 핑크그레이
  147cm 폭×230 / 240cm
- 1cm 폭 늘어남 방지 접착테이프 40cm
- 접착심지 40×60cm
- 지름 1.15cm 단추 2개

옷본
실물 크기 옷본 B면【2】
1–앞판, 2–뒤위판, 3–뒤아래판,
4–소매 앞판, 5–소매 뒤판,
6–소맷부리 안단, 7–앞여밈단,
8–옷깃, 9–주머니

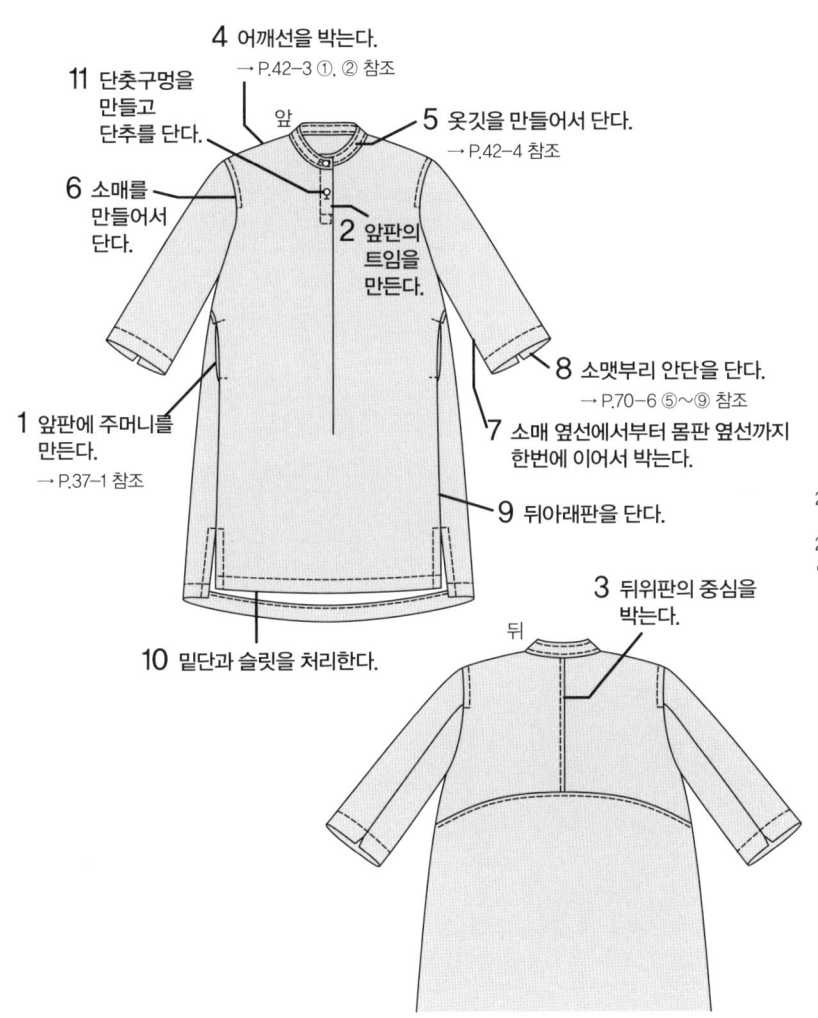

〈 만드는 순서 〉

1 앞판에 주머니를 만든다. →P.37-1 참조
2 앞판의 트임을 만든다.
3 뒤위판의 중심을 박는다.
4 어깨선을 박는다. →P.42-3 ①, ② 참조
5 옷깃을 만들어서 단다. →P.42-4 참조
6 소매를 만들어서 단다.
7 소매 옆선에서부터 몸판 옆선까지 한번에 이어서 박는다.
8 소맷부리 안단을 단다. →P.70-6 ⑤~⑨ 참조
9 뒤아래판을 단다.
10 밑단과 슬릿을 처리한다.
11 단춧구멍을 만들고 단추를 단다.

〈 준비 〉
- 앞판의 주머니 입구 시접에 늘어남 방지 접착테이프를 붙인다.
- 앞여밈단, 소맷부리 안단, 옷깃에 접착심지를 붙인다.
- 앞판의 슬릿 부분 시접, 앞여밈단의 아래쪽 끝에 지그재그박기를 한다.

〈 옷감을 마름질하는 법 〉

※ 숫자는 위(왼쪽)에서부터 사이즈 1 / 사이즈 2.
※ ( ) 안은 시접. 정해진 곳 이외에는 1cm.
※ ▨는 뒷면에 접착심지를 붙인다.
※ ▦는 뒷면에 늘어남 방지 접착테이프를 붙인다.
※ ∿는 시접에 지그재그박기를 한다.

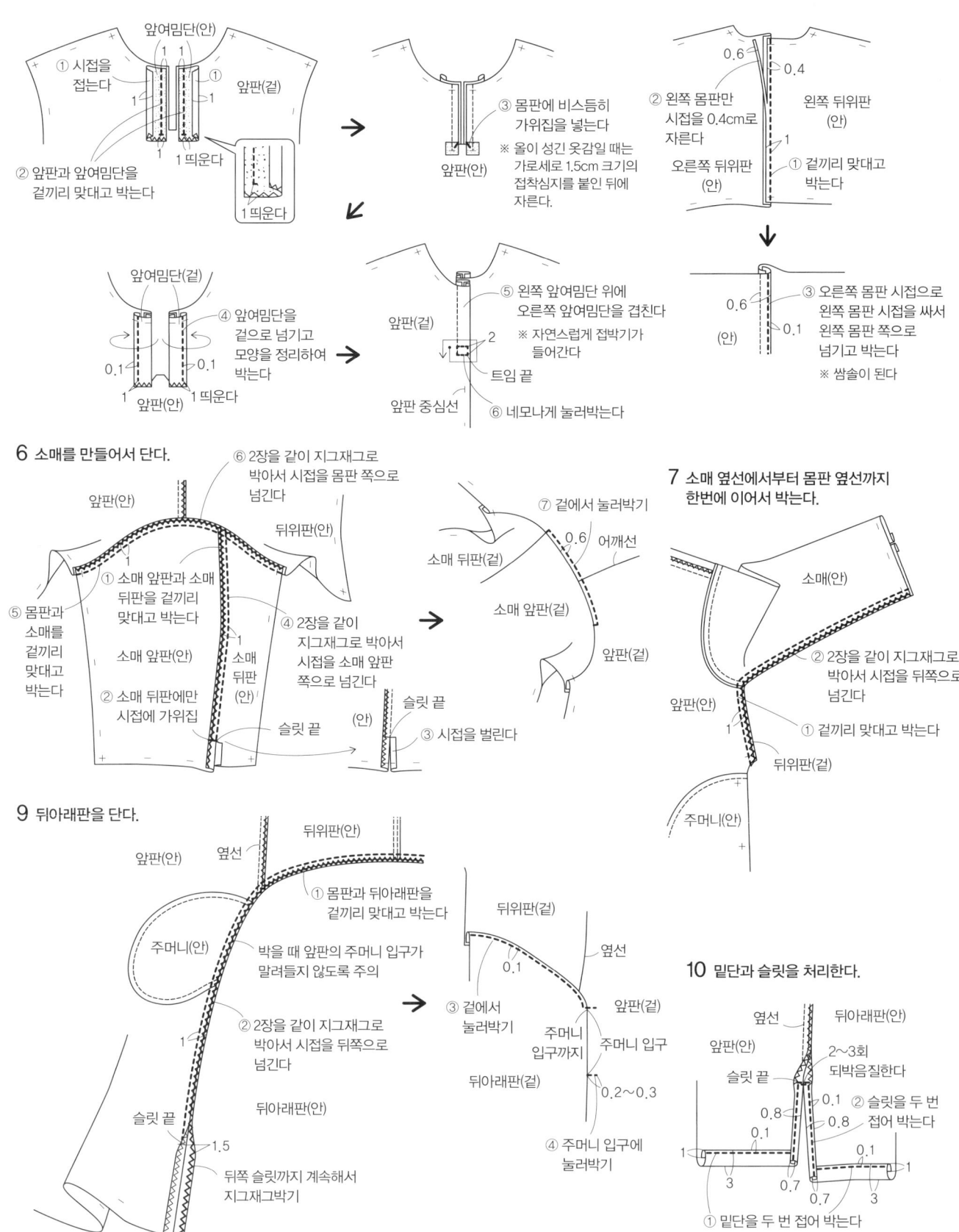

4

카리나 Photo P.10

Point

뒤판에 얇은 민무늬 옷감을 사용하여 주름 분량을 더 늘려서 변형해도 귀엽습니다. 받침깃을 깔끔하게 달 수 있는 포인트 해설이 있으니 꼭 도전해 보세요. 소매는 작품 3번, 5번으로 바꿀 수 있습니다.

완성 치수

(왼쪽에서부터 사이즈 1 / 사이즈 2)

가슴둘레 122 / 128cm

전체 길이 110 / 115cm

재료(왼쪽에서부터 사이즈 1 / 사이즈 2)

- 리넨 프리마베라 다크네이비 110cm 폭×260 / 270cm
- 리버티프린트 흰색 바탕×남색 108cm 폭×130 / 140cm
- 1cm 폭 늘어남 방지 접착테이프 40cm
- 접착심지 70×30cm

옷본

- 실물 크기 옷본 C면【 4 】
  1-앞판, 2-앞옆판, 3-뒤쪽 바대
  4-뒤판, 5-소매 앞판, 6-소매 뒤판
  7-안단, 8-옷깃
- 실물 크기 옷본 A면【 공통 주머니 】

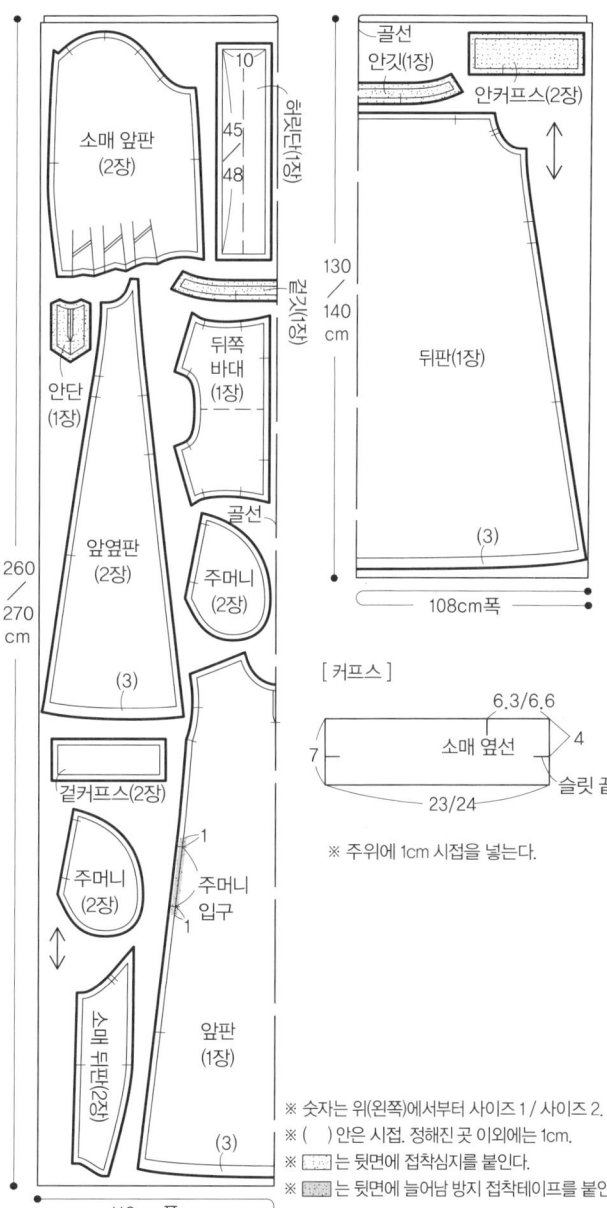

〈 준비 〉
- 앞판의 주머니 입구 시접에 늘어남 방지 접착테이프를 붙인다.
- 앞쪽 안단, 옷깃, 안커프스에 접착심지를 붙인다.

3 어깨선을 박는다.

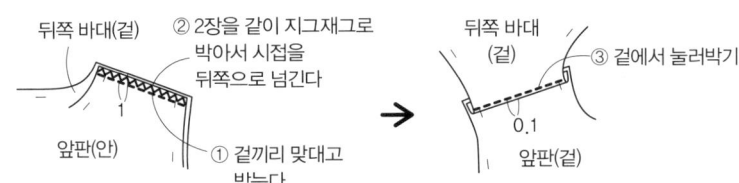

4 옷깃을 만들어서 단다.

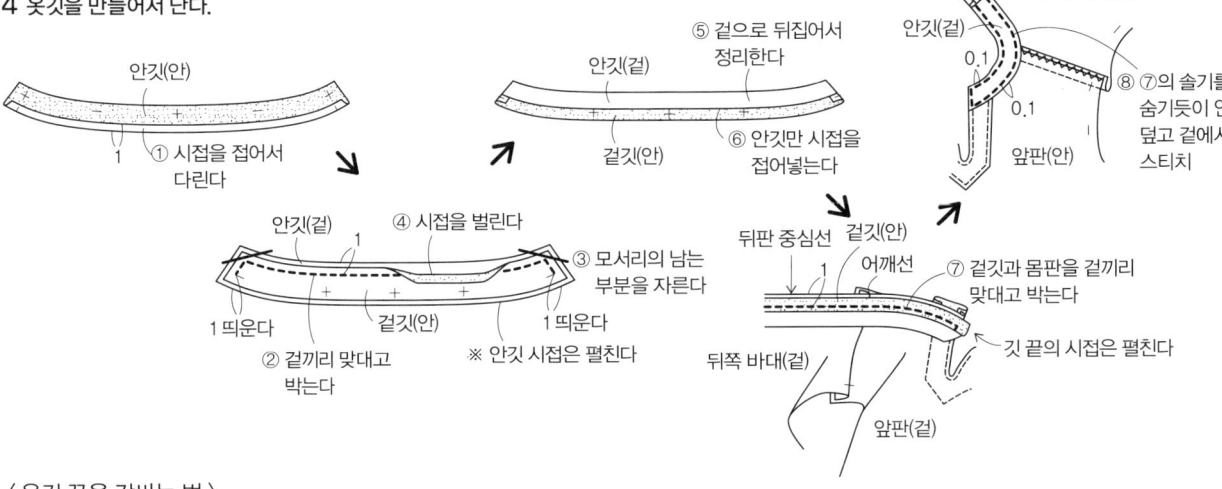

〈 옷깃 끝을 감싸는 법 〉

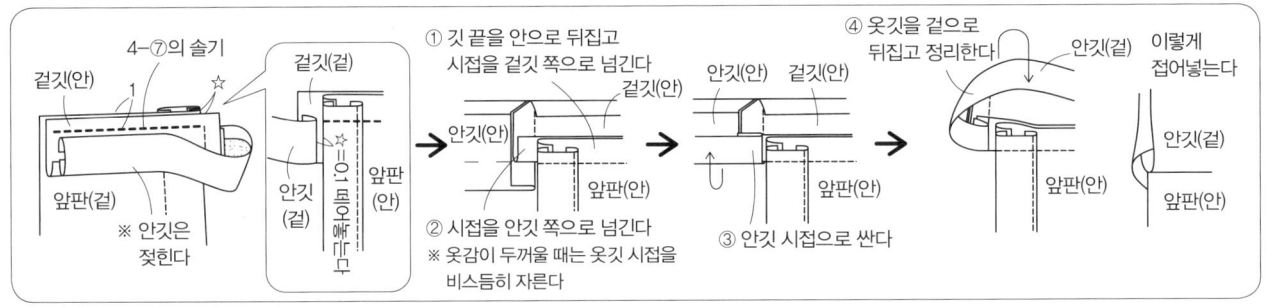

5 뒤판을 만든다.

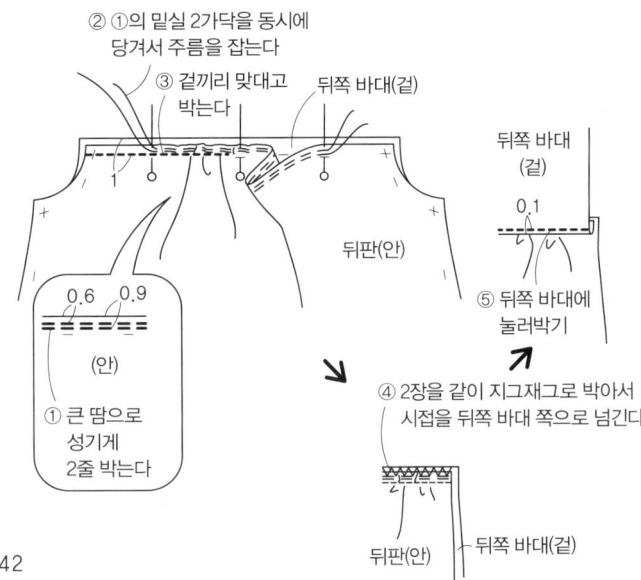

6 허릿단을 만들어서 단다.

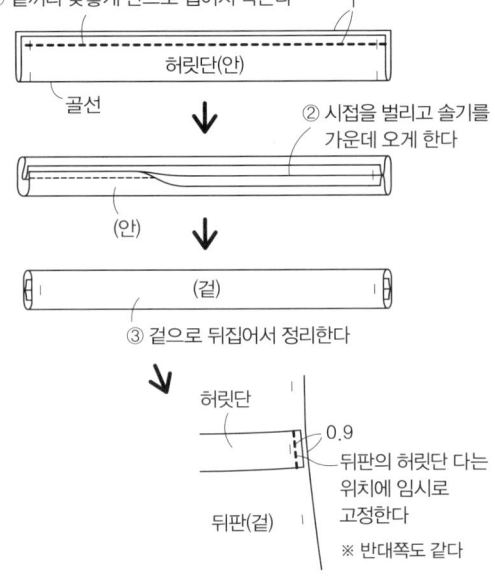

7 앞·뒤판과 옆판을 잇는다.

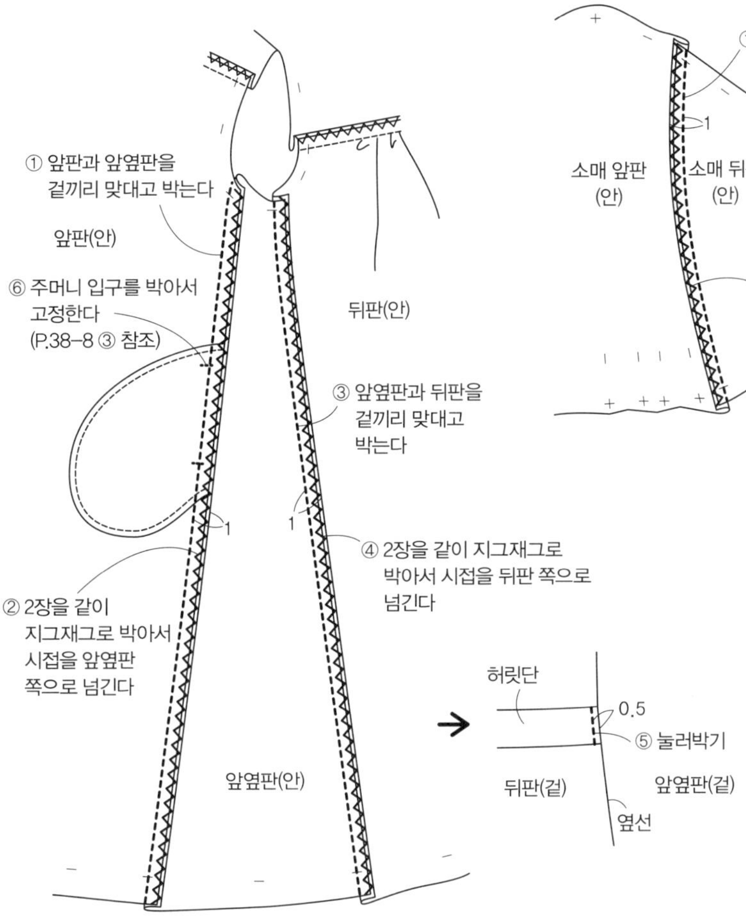

① 앞판과 앞옆판을 겉끼리 맞대고 박는다
앞판(안)
⑥ 주머니 입구를 박아서 고정한다 (P.38-8 ③ 참조)
뒤판(안)
③ 앞옆판과 뒤판을 겉끼리 맞대고 박는다
④ 2장을 같이 지그재그로 박아서 시접을 뒤판 쪽으로 넘긴다
② 2장을 같이 지그재그로 박아서 시접을 앞옆판 쪽으로 넘긴다
앞옆판(안)

허릿단
0.5
⑤ 눌러박기
뒤판(겉)
앞옆판(겉)
옆선

8 소매를 만든다.

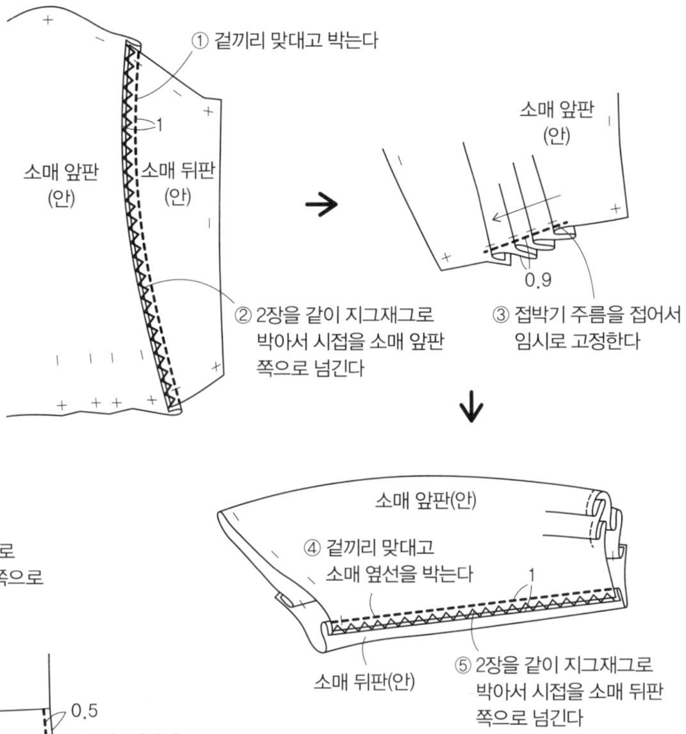

① 겉끼리 맞대고 박는다
소매 앞판(안)
소매 뒤판(안)
② 2장을 같이 지그재그로 박아서 시접을 소매 앞판 쪽으로 넘긴다

소매 앞판(안)
0.9
③ 접박기 주름을 접어서 임시로 고정한다

소매 앞판(안)
④ 겉끼리 맞대고 소매 옆선을 박는다
소매 뒤판(안)
⑤ 2장을 같이 지그재그로 박아서 시접을 소매 뒤판 쪽으로 넘긴다

9 커프스를 만들어서 단다.

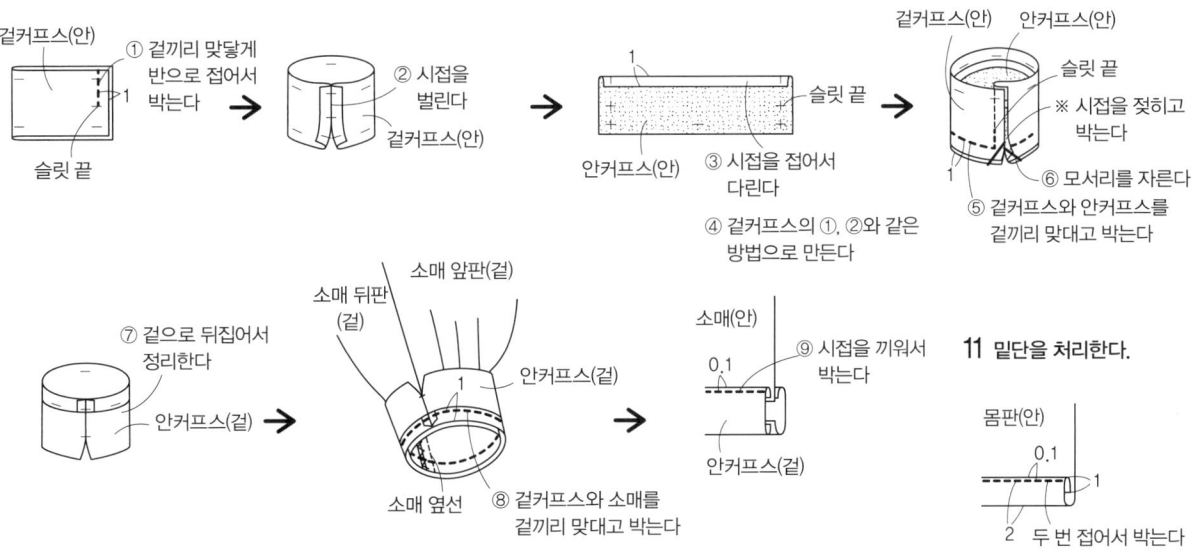

겉커프스(안)
① 겉끼리 맞닿게 반으로 접어서 박는다
슬릿 끝
② 시접을 벌린다
겉커프스(안)
1
안커프스(안)
슬릿 끝
③ 시접을 접어서 다린다
④ 겉커프스의 ①, ②와 같은 방법으로 만든다
겉커프스(안) 안커프스(안)
슬릿 끝
※ 시접을 젖히고 박는다
⑥ 모서리를 자른다
⑤ 겉커프스와 안커프스를 겉끼리 맞대고 박는다

⑦ 겉으로 뒤집어서 정리한다
안커프스(겉)

소매 뒤판(겉) 소매 앞판(겉)
1
안커프스(겉)
소매 옆선
⑧ 겉커프스와 소매를 겉끼리 맞대고 박는다

소매(안)
0.1
⑨ 시접을 끼워서 박는다
안커프스(겉)

11 밑단을 처리한다.

몸판(안)
0.1
1
2 두 번 접어서 박는다

릴라바티 Photo P.12

Point
단추를 달지 않고도 입을 수 있는 스타일입니다. 면이나 기타 평직물 등 흘러거림이 적은 옷감이 핀턱을 잡기 쉬워서 추천합니다. 옷깃은 작품 4번, 9번으로 달아도 되고 소매도 작품 3번, 4번으로 바꿀 수 있습니다.

완성 치수
(왼쪽에서부터 사이즈 1 / 사이즈 2)
가슴둘레 100 / 106cm
전체 길이 원피스 111 / 116cm, 블라우스 64 / 67cm

재료 (왼쪽에서부터 사이즈 1 / 사이즈 2)
● 원피스
- 브로드클로스 캐러멜브라운 110cm 폭×320 / 330cm
- 1cm 폭 늘어남 방지 접착테이프 40cm
- 지름 1.15cm 단추 1개

● 블라우스
- 코튼 론 라미티에 핑크라벤더 105cm 폭×230cm
- 지름 1.15cm 단추 1개

옷본
실물 크기 옷본 D면【 5 】
1-앞판, 2-뒤쪽 바대, 3-뒤판, 4-소매
실물 크기 옷본 A면【 공통 주머니 】

〈 만드는 순서 〉

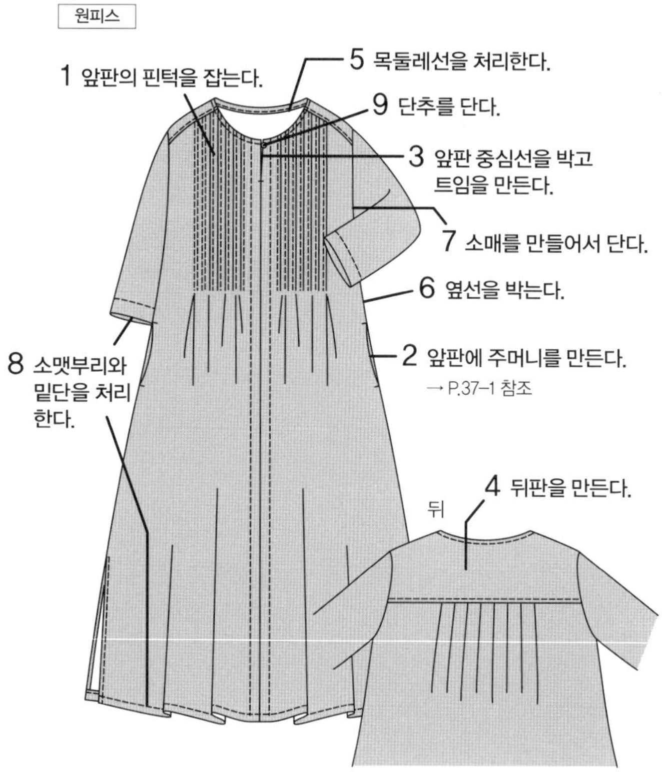

[원피스]
1. 앞판의 핀턱을 잡는다.
2. 앞판에 주머니를 만든다. → P.37-1 참조
3. 앞판 중심선을 박고 트임을 만든다.
4. 뒤판을 만든다.
5. 목둘레선을 처리한다.
6. 옆선을 박는다.
7. 소매를 만들어서 단다.
8. 소맷부리와 밑단을 처리한다.
9. 단추를 단다.

[블라우스] 앞
※ 만드는 법은 원피스와 같지만 주머니는 달지 않는다.

〈 옷감을 마름질하는 법 〉

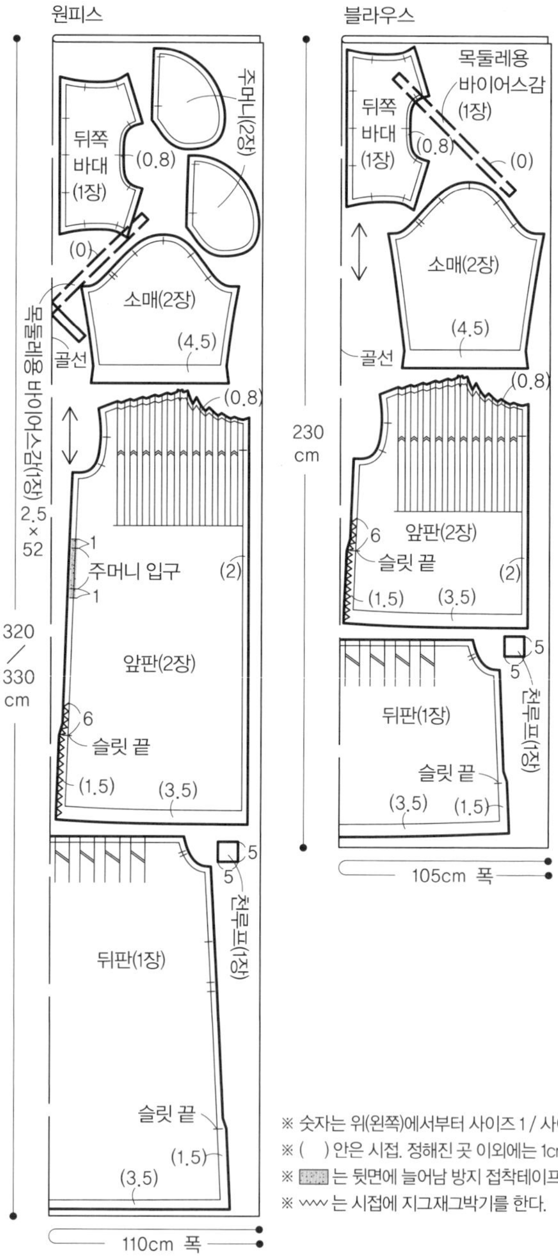

원피스 (110cm 폭 × 320 / 330cm)
블라우스 (105cm 폭 × 230cm)

※ 숫자는 위(왼쪽)에서부터 사이즈 1 / 사이즈 2.
※ ( ) 안은 시접. 정해진 곳 이외에는 1cm.
※ ▨ 는 뒷면에 늘어남 방지 접착테이프를 붙인다.
※ ∿∿ 는 시접에 지그재그박기를 한다.

〈 준비 〉
- 앞판의 주머니 입구 시접에 늘어남 방지 접착테이프를 붙인다.
- 앞판의 슬릿 부분 시접에 지그재그박기를 한다.
- 천루프를 만든다.

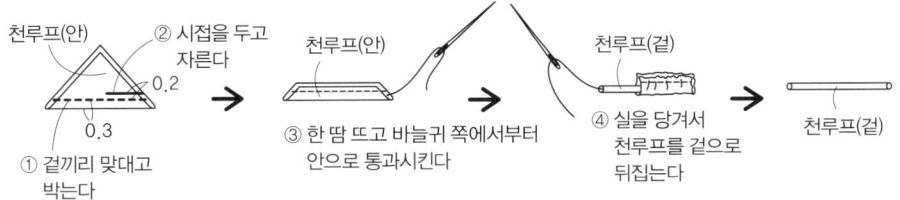

1 앞판의 핀턱을 잡는다.

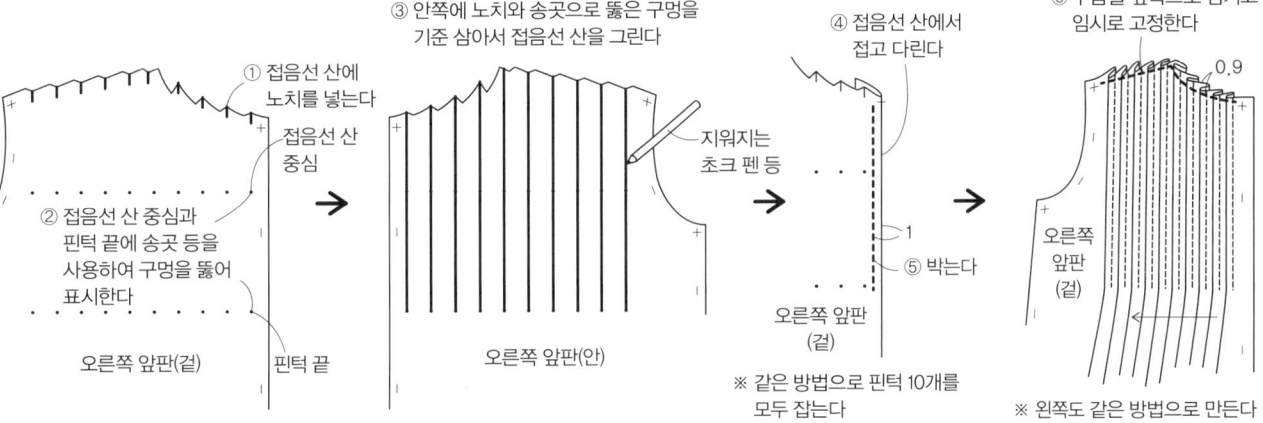

3 앞판 중심선을 박고 트임을 만든다.

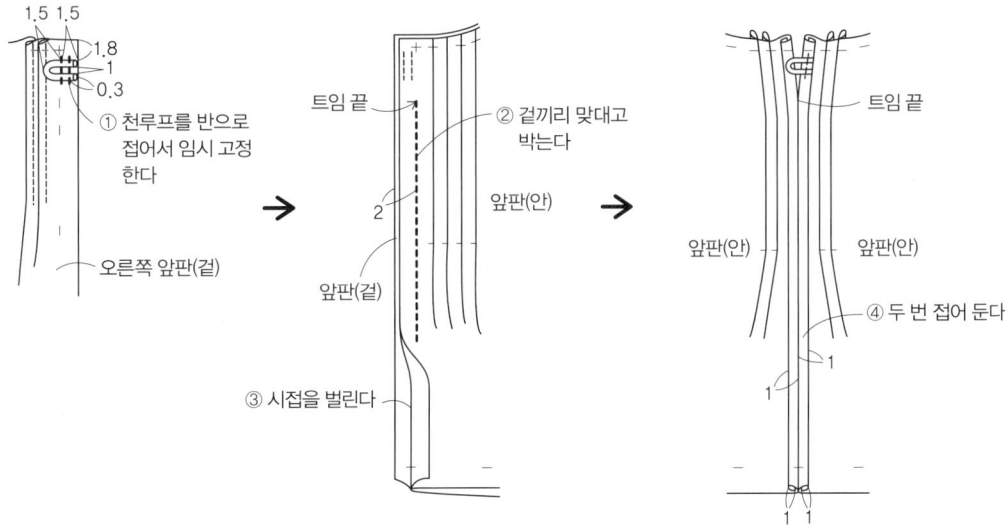

4 뒤판을 만든다.

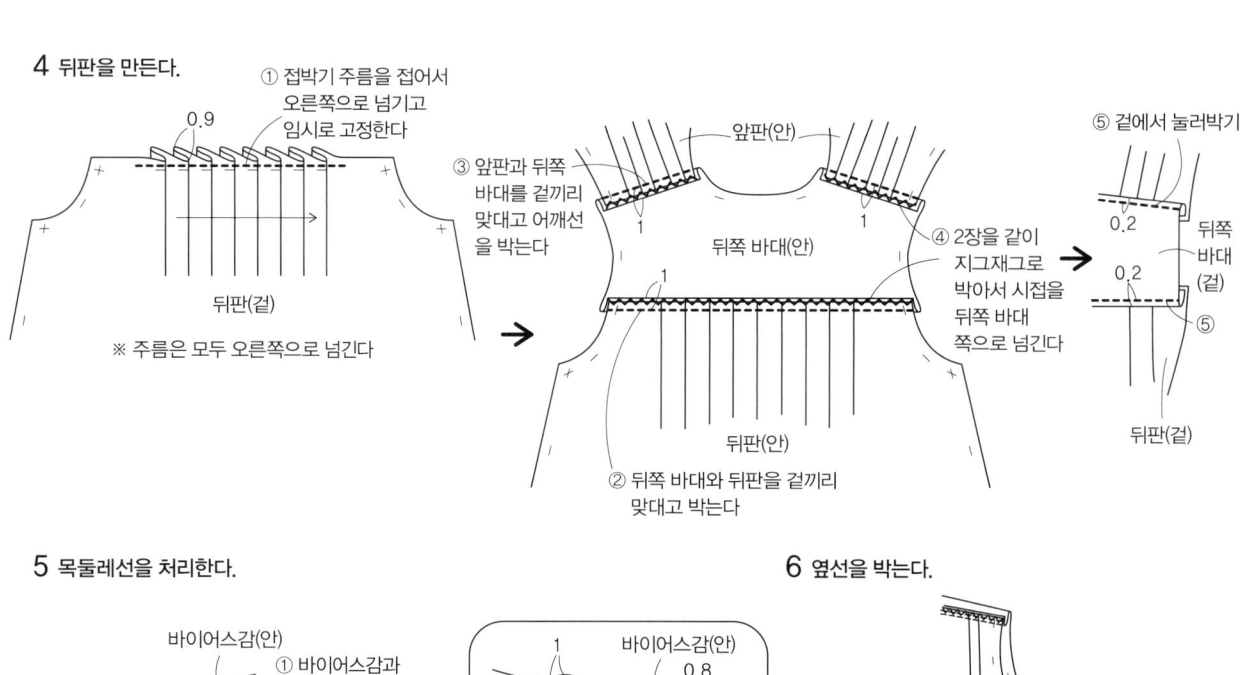

5 목둘레선을 처리한다.

6 옆선을 박는다.

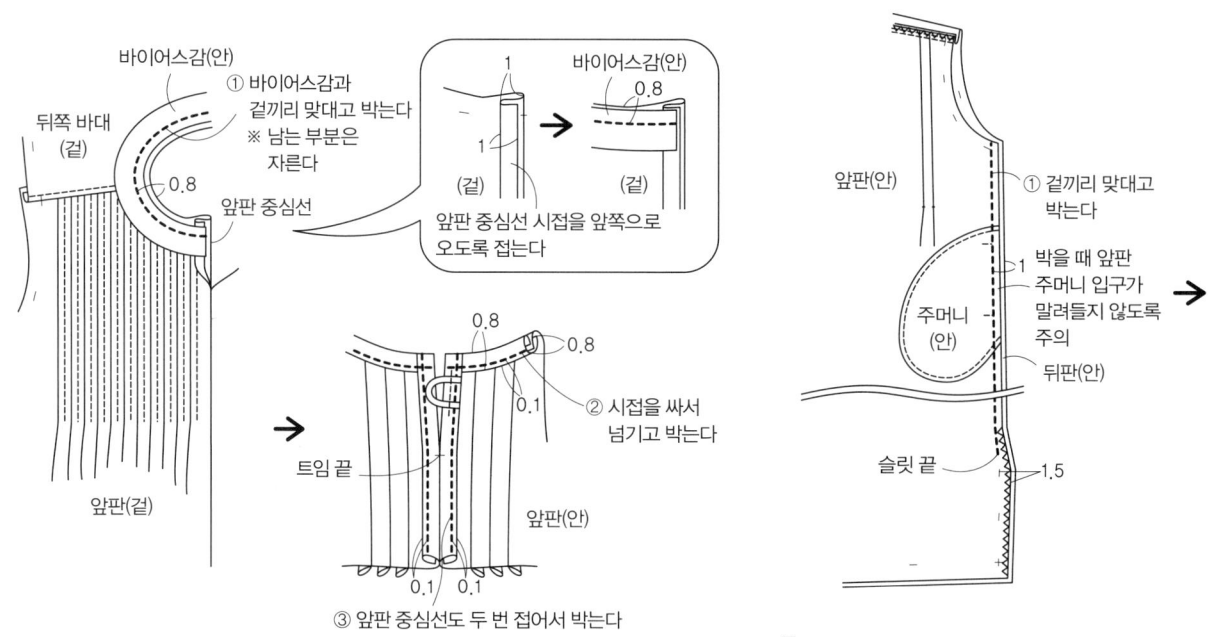

7 소매를 만들어서 단다.

이후는 P.38-9 참조

8 소맷부리와 밑단을 처리한다.

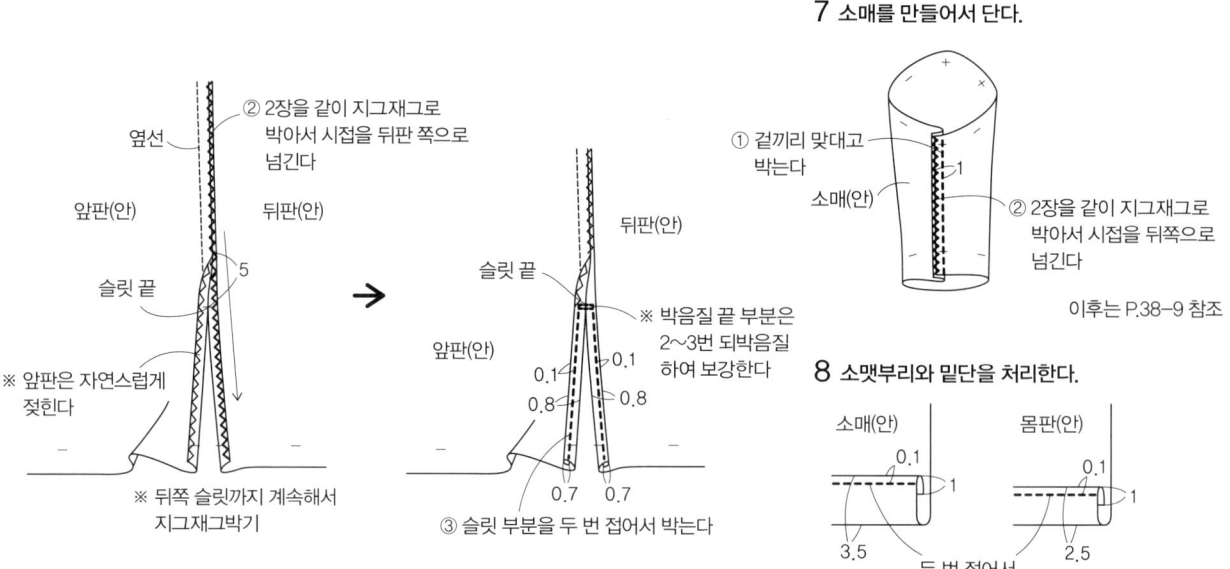

6

아누쉬카 Photo P.14

Point

허리 주름은 단단히 잡아서 스목 같은 모양새로 만들었습니다. 주름을 듬뿍 잡았기 때문에 인도의 블록 프린트 같은 아주 얇은 옷감과 잘 어울립니다. 소매는 작품 2번, 9번으로도 달 수 있습니다.

완성 치수

(왼쪽에서부터 사이즈 1 / 사이즈 2)

가슴둘레 102 / 108cm

전체 길이 115 / 120cm

재료(왼쪽에서부터 사이즈 1 / 사이즈 2)

- 인도 면 핸드 블록 프린트 작은 무늬 110cm 폭×240 / 250cm
- 인도 면 핸드 블록 프린트 큰 무늬 110cm 폭×210 / 220cm
- 1cm 폭 늘어남 방지 접착테이프 40cm
- 접착심지 30×20cm
- 0.6cm 폭 납작 고무줄 32cm 4줄
- 지름 1.15cm 단추 1개

옷본

- 실물 크기 옷본 B면【 6 】
  1–앞판, 2–앞옆판, 3–뒤판
  4–뒤옆판, 5–뒤쪽 안단
  6–치마 앞·뒤옆판, 7–소매
  8–소맷부리 안단
- 실물 크기 옷본 A면【 공통 주머니 】

〈 만드는 순서 〉

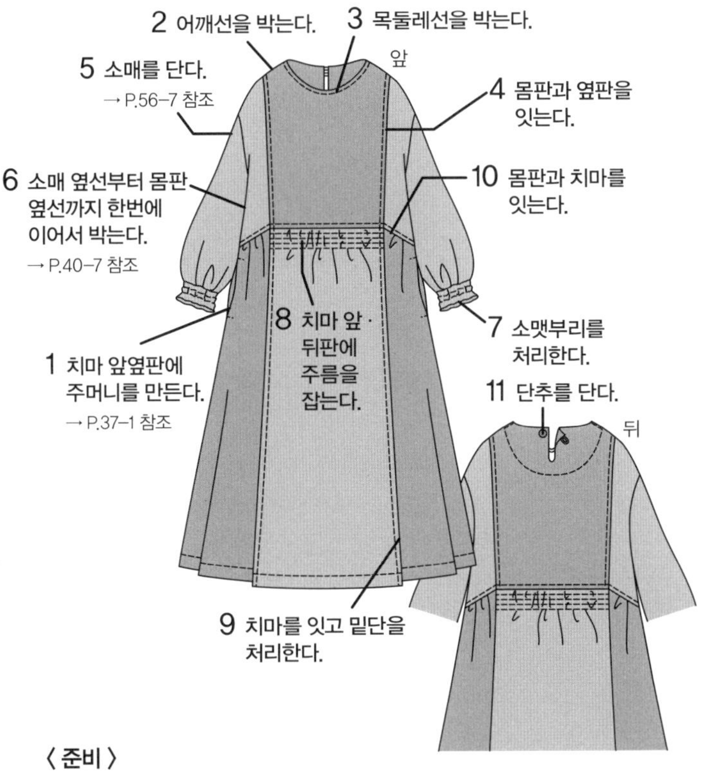

2 어깨선을 박는다.
3 목둘레선을 박는다.
앞
5 소매를 단다.
→ P.56–7 참조
4 몸판과 옆판을 잇는다.
6 소매 옆선부터 몸판 옆선까지 한번에 이어서 박는다.
→ P.40–7 참조
10 몸판과 치마를 잇는다.
8 치마 앞·뒤판에 주름을 잡는다.
7 소맷부리를 처리한다.
1 치마 앞옆판에 주머니를 만든다.
→ P.37–1 참조
11 단추를 단다.
뒤
9 치마를 잇고 밑단을 처리한다.

〈 옷감을 마름질하는 법 〉

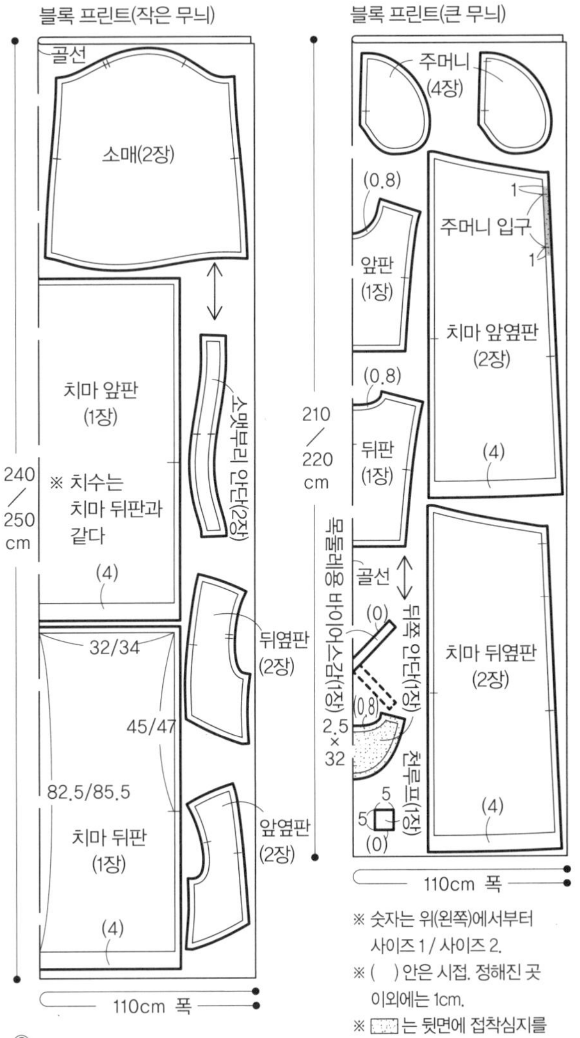

블록 프린트(작은 무늬)
골선
소매(2장)
치마 앞판
(1장)
※ 치수는
치마 뒤판과
같다
(4)
240
/
250
cm
소맷부리 안단(2장)
뒤옆판
(2장)
32/34
45/47
82.5/85.5
치마 뒤판
(1장)
(4)
앞옆판
(2장)
110cm 폭
블록 프린트(큰 무늬)
주머니
(4장)
(0.8)
앞판
(1장)
1
주머니 입구
1
치마 앞옆판
(2장)
(4)
(0.8)
뒤판
(1장)
210
/
220
cm
목둘레용 바이어스감(1장) 2.5×32
골선
(0)
뒤쪽 안단(1장)
(0.8)
천루프(1장)
5
5
(0)
치마 뒤옆판
(2장)
(4)
110cm 폭

※ 숫자는 위(왼쪽)에서부터 사이즈 1 / 사이즈 2.

※ ( ) 안은 시접. 정해진 곳 이외에는 1cm.

※ ▒는 뒷면에 접착심지를 붙인다.

※ ▒는 뒷면에 늘어남 방지 접착테이프를 붙인다.

〈 준비 〉

- 앞판의 주머니 입구 시접에 늘어남 방지 접착테이프를 붙인다.
- 뒤쪽 안단에 접착심지를 붙인다.
- P.45 준비를 참조하여 천루프를 만들어서 길이 3.5cm로 자른다.

2 어깨선을 박는다.

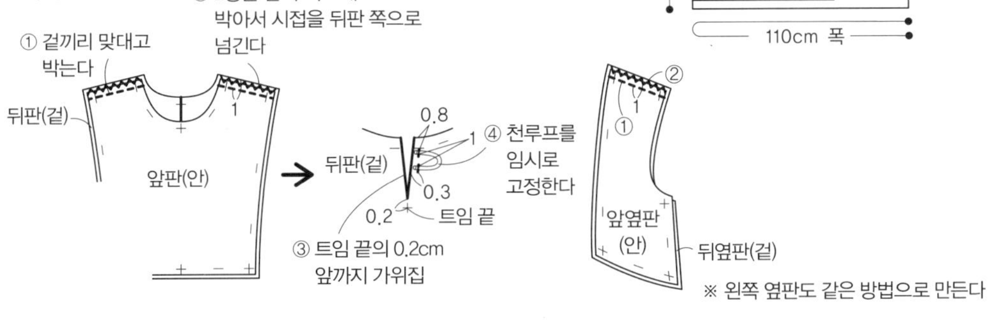

② 2장을 같이 지그재그로 박아서 시접을 뒤판 쪽으로 넘긴다
① 겉끼리 맞대고 박는다
뒤판(겉)
1
앞판(안)
0.8
뒤판(겉)
1
④ 천루프를 임시로 고정한다
0.3
0.2
트임 끝
③ 트임 끝의 0.2cm 앞까지 가위집
②
①
1
앞옆판
(안)
뒤옆판(겉)

※ 왼쪽 옆판도 같은 방법으로 만든다

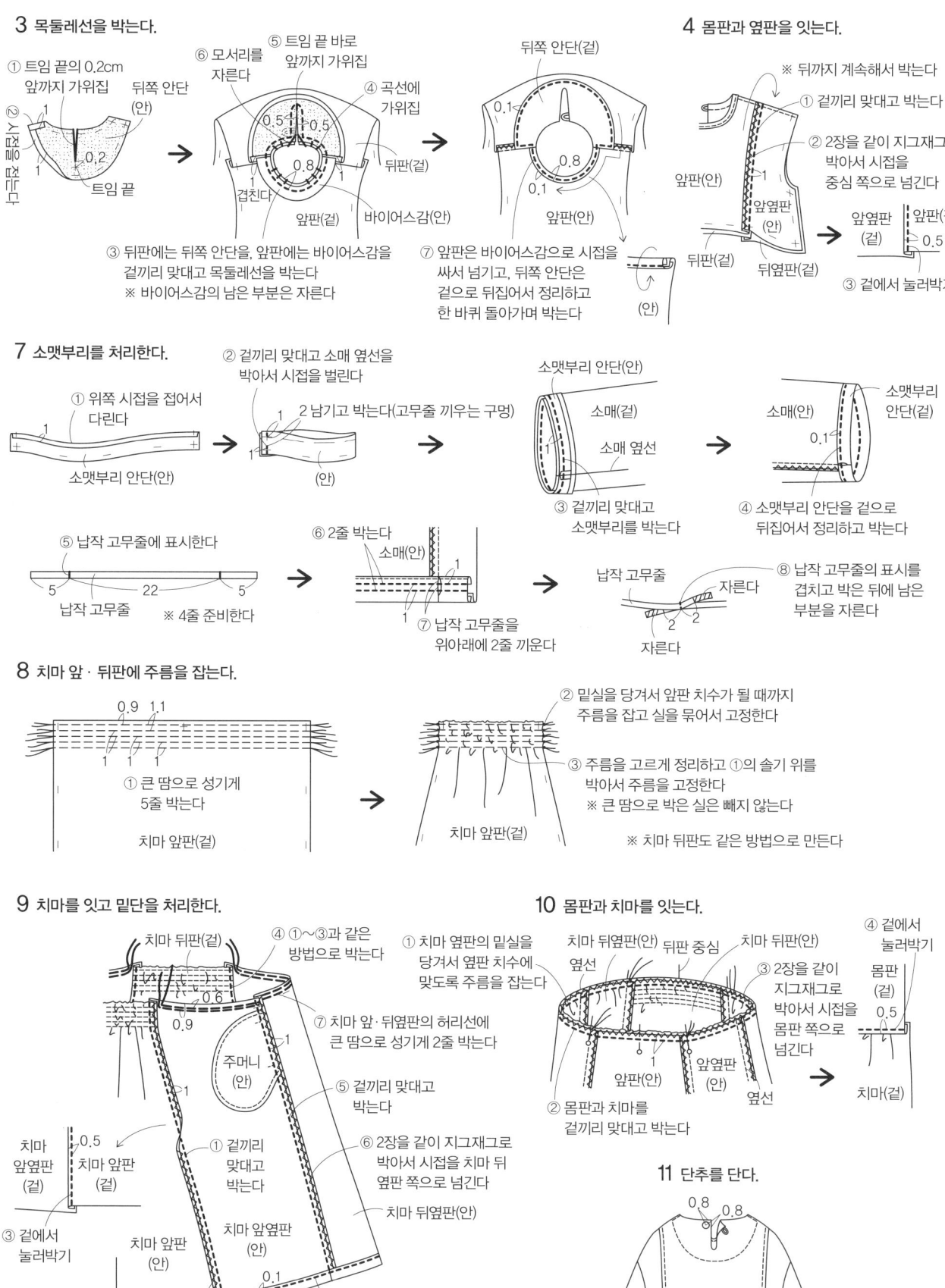

7

에일라 Photo P.16

Point

이 책에서 가장 간단히 만들 수 있는 디자인. 소맷부리는 납작 고무줄을 넣지 않아도 입을 수 있게 마무리했습니다. 어깨선이 늘어지면 바대 라인이 달라지므로 어깨선에 늘어남 방지 테이프를 붙여서 만드세요.

완성 치수

(왼쪽에서부터 사이즈 1 / 사이즈 2)

가슴둘레 104.5 / 110.5cm

전체 길이 원피스 112 / 116cm 블라우스 61 / 64cm

재료(왼쪽에서부터 사이즈 1 / 사이즈 2)

● 원피스

· 코튼 깅엄 체크 검정 105cm 폭×50cm
· 코튼 스트라이프 검정 105cm 폭×300 / 310cm
· 1cm 폭 늘어남 방지 접착테이프 90cm
· 접착심지 10×20cm
· 파이핑 테이프 130cm
· 0.7cm 폭 납작 고무줄 30cm 2줄

● 블라우스

· 리넨 울 바닐라 110cm 폭×210cm
· 1cm 폭 늘어남 방지 접착테이프 50cm
· 접착심지 10×20cm
· 0.7cm 폭 납작 고무줄 30cm 2줄

옷본

· 실물 크기 옷본 E면【 7 】
1–앞쪽 바대, 2–앞판, 3–뒤쪽 바대, 4–뒤판, 5–소매, 6–앞쪽 안단
· 실물 크기 옷본 A면【 공통 주머니 】

〈 만드는 순서 〉

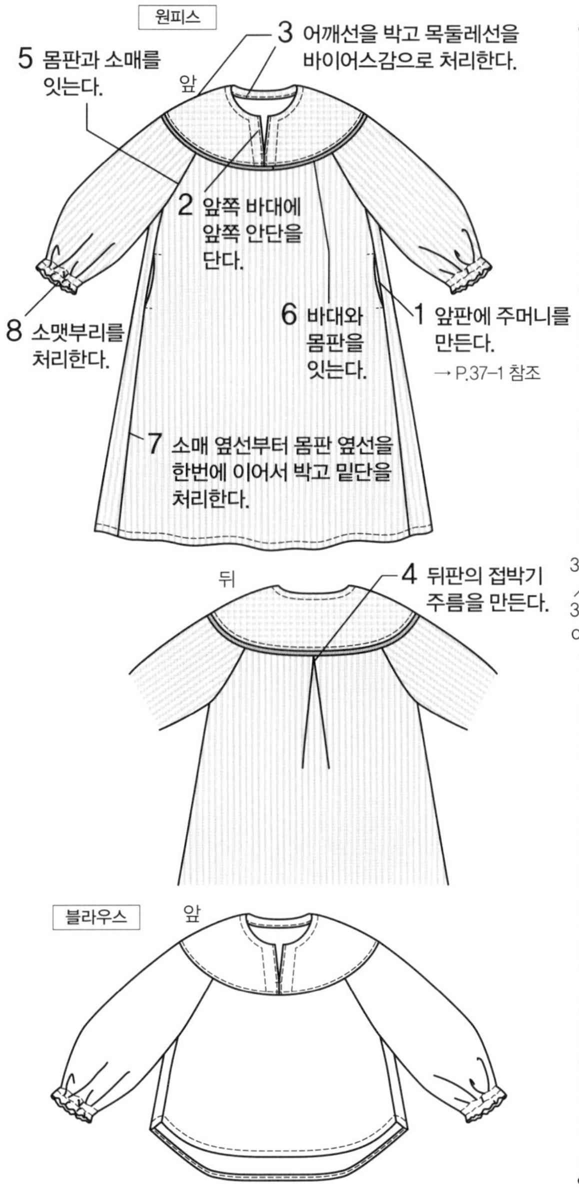

※ 만드는 법은 원피스와 같다

〈 옷감을 마름질하는 법 〉

원피스
코튼 스트라이프

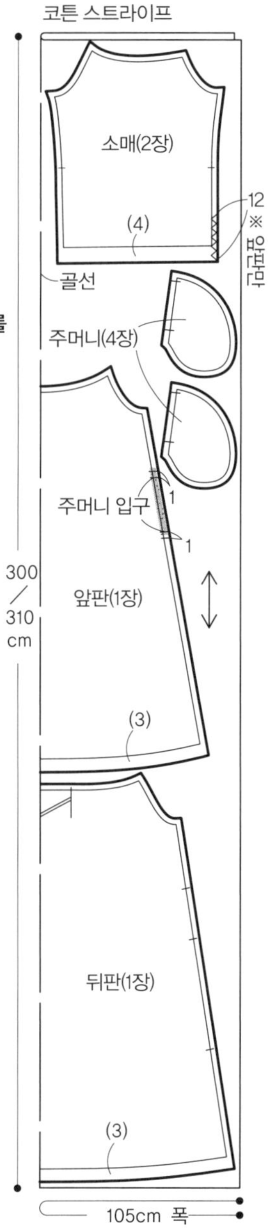

원피스 코튼 깅엄 체크

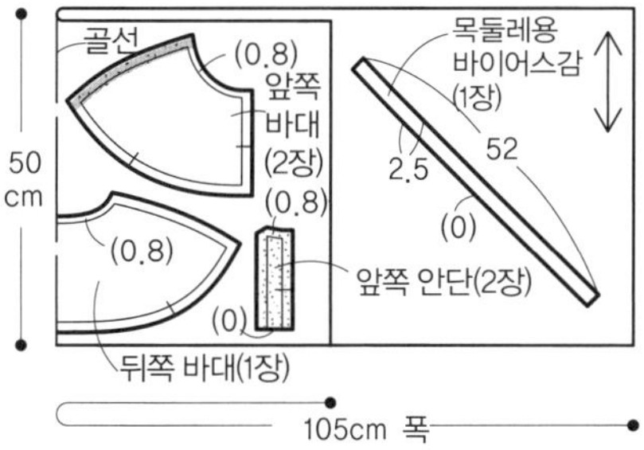

블라우스

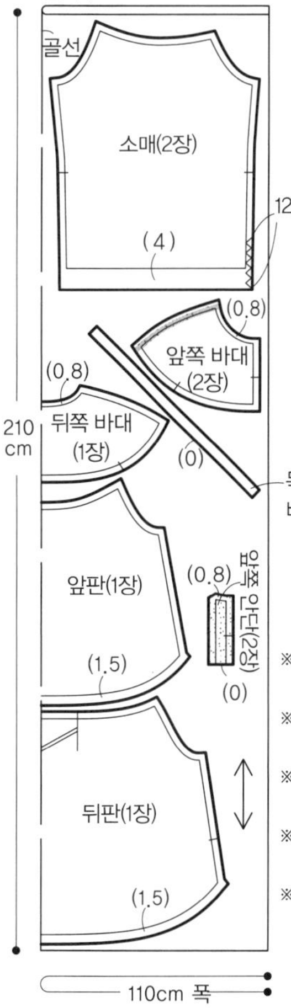

※ 숫자는 위(왼쪽)에서부터 사이즈 1 / 사이즈 2.
※ ( ) 안은 시접. 정해진 곳 이외에는 1cm.
※ [ ] 는 뒷면에 접착심지를 붙인다.
※ [ ] 는 뒷면에 늘어남 방지 접착테이프를 붙인다.
※ ∨∨∨ 는 시접에 지그재그 박기를 한다.

〈 준비 〉
- 앞쪽 바대 어깨선, 앞판의 주머니 시접에 늘어남 방지 접착테이프를 붙인다.
- 앞쪽 바대에 접착심지를 붙인다.
- 소매의 앞쪽에만 지정된 위치에 지그재그박기를 한다.

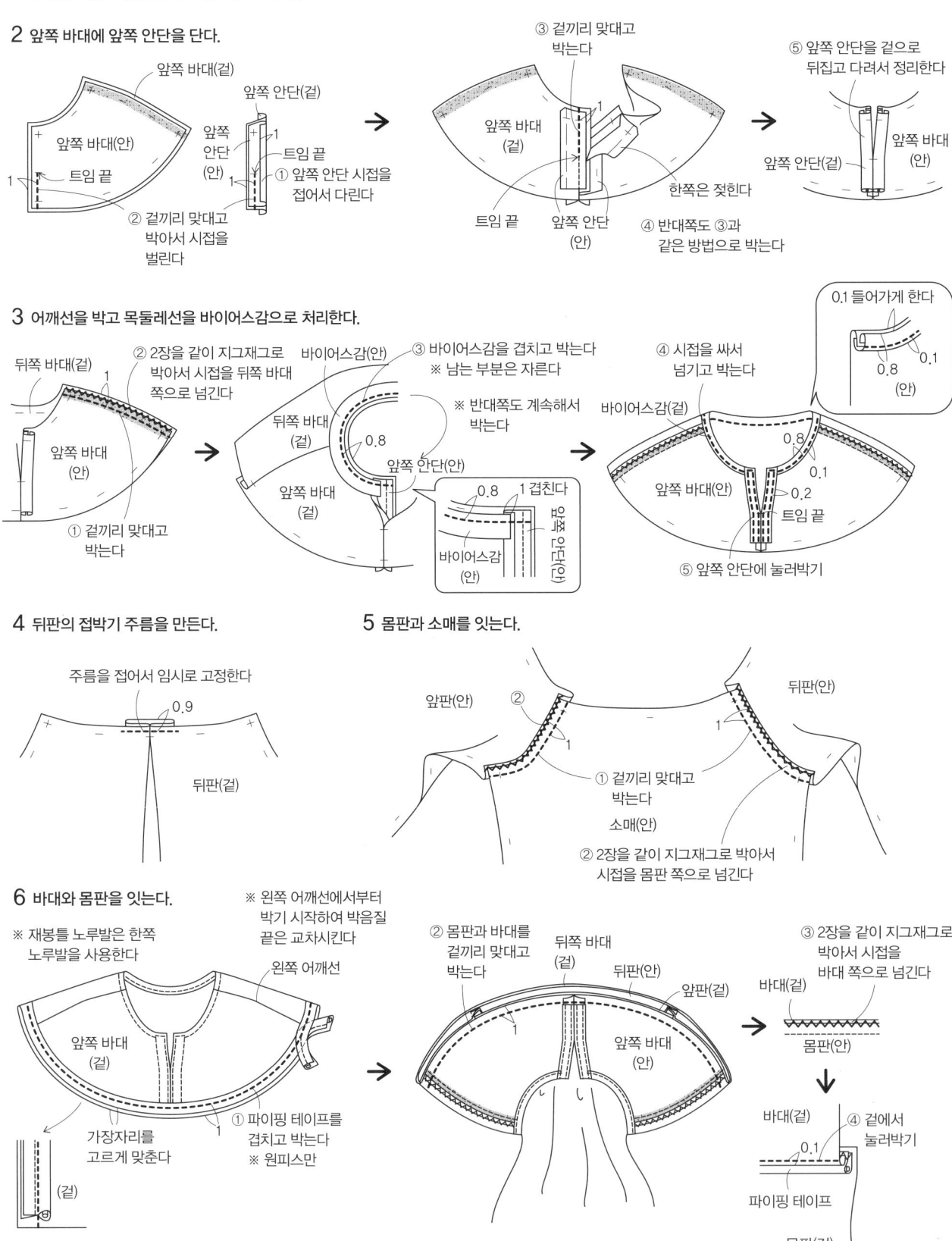

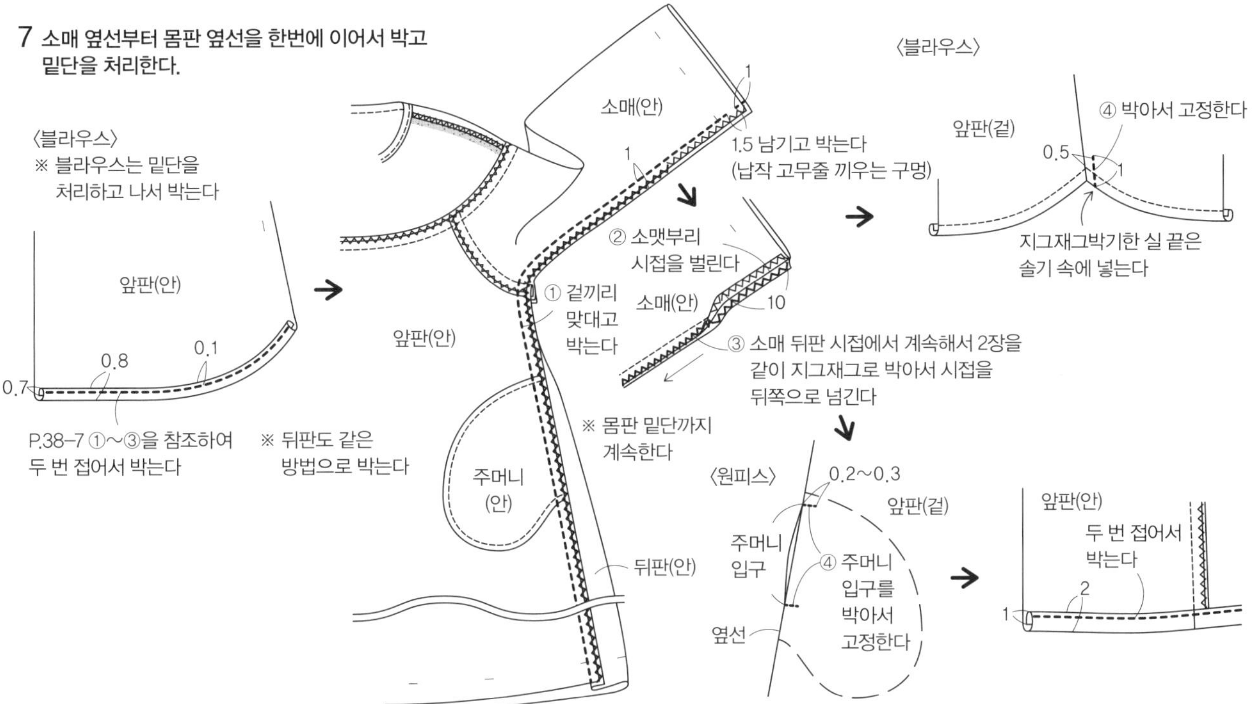

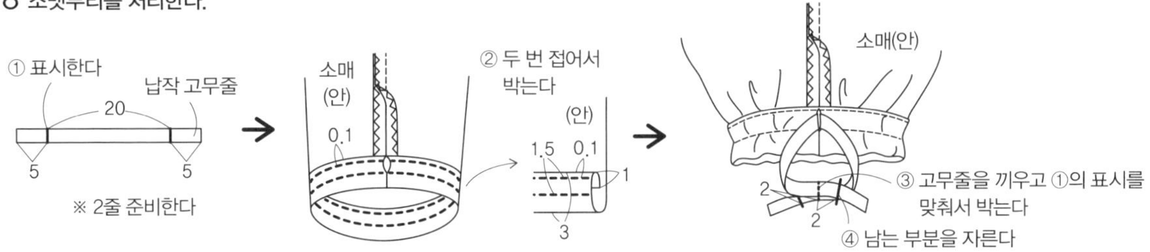

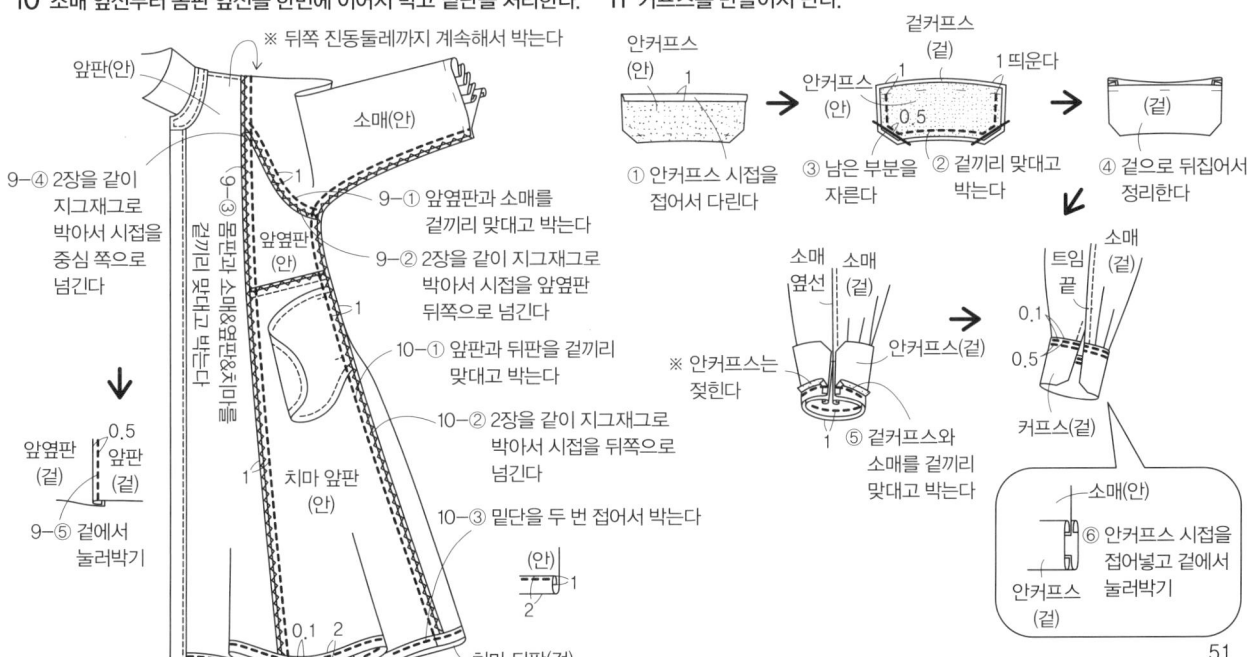

8 사라스와티 Photo P.18

Point

인도 학문의 여신 사라스와티의 이름을 붙인 지적인 분위기의 원피스. 적당히 여유 있으면서도 허리가 살짝 들어간 실루엣으로 날씬하고 예뻐 보입니다. 몸판을 무늬 옷감으로 하고 옷깃과 커프스를 민무늬 옷감으로 달아도 멋집니다.

완성 치수
(왼쪽에서부터 사이즈 1 / 사이즈 2)
가슴둘레 97 / 103cm
전체 길이 118 / 123cm

재료 (왼쪽에서부터 사이즈 1 / 사이즈 2)
● 원피스
· 코튼 40수 다운프루프 와이드 폭 라벤더 150cm 폭×320 / 330cm
· 1cm 폭 늘어남 방지 접착테이프 40cm
· 접착심지 60×120cm
· 지름 1cm 단추 7개 (받침깃, 커프스)
· 지름 1.15cm 단추 10개 (몸판)

옷본
실물 크기 옷본 D면【 8 】
1-앞판, 2-앞옆판, 3-치마 앞판,
4-뒤판, 5-뒤옆판, 6-치마 뒤판,
7-소매 앞판, 8-소매 뒤판, 9-커프스,
10-받침깃, 11-위쪽 깃, 12-바탕깃
실물 크기 옷본 A면【 공통 주머니 】

〈 만드는 순서 〉

4 옷깃을 단다. → P.42-4 ⑥~⑧ 참조
2 옷깃을 만든다.
5 앞옆판과 치마 앞판을 잇는다.
9 소매를 단다.
11 커프스를 만들어서 단다.
1 치마 앞판에 주머니를 만든다. → P.37-1 참조
12 단춧구멍을 만들고 단추를 단다.
10 소매 옆선부터 몸판 옆선을 한번에 이어서 박고 밑단을 처리한다.
3 앞여밈단을 만들고 어깨선을 박는다.
6 뒤판과 뒤옆판을 잇는다.
7 소매를 만든다.
8 치마 뒤판을 만들어서 뒤판과 잇는다.

※ 숫자는 위(왼쪽)에서부터 사이즈 1 / 사이즈 2.
※ ( ) 안은 시접. 정해진 곳 이외에는 1cm.
※ ▨는 뒷면에 접착심지를 붙인다.
※ ▧는 뒷면에 늘어남 방지 접착테이프를 붙인다.

〈 옷감을 마름질하는 법 〉

〈 준비 〉
· 치마 앞판의 주머니 입구 시접에 늘어남 방지 접착테이프를 붙인다.
· 앞판의 안단 부분, 바탕깃, 받침깃, 안커프스에 접착심지를 붙인다.

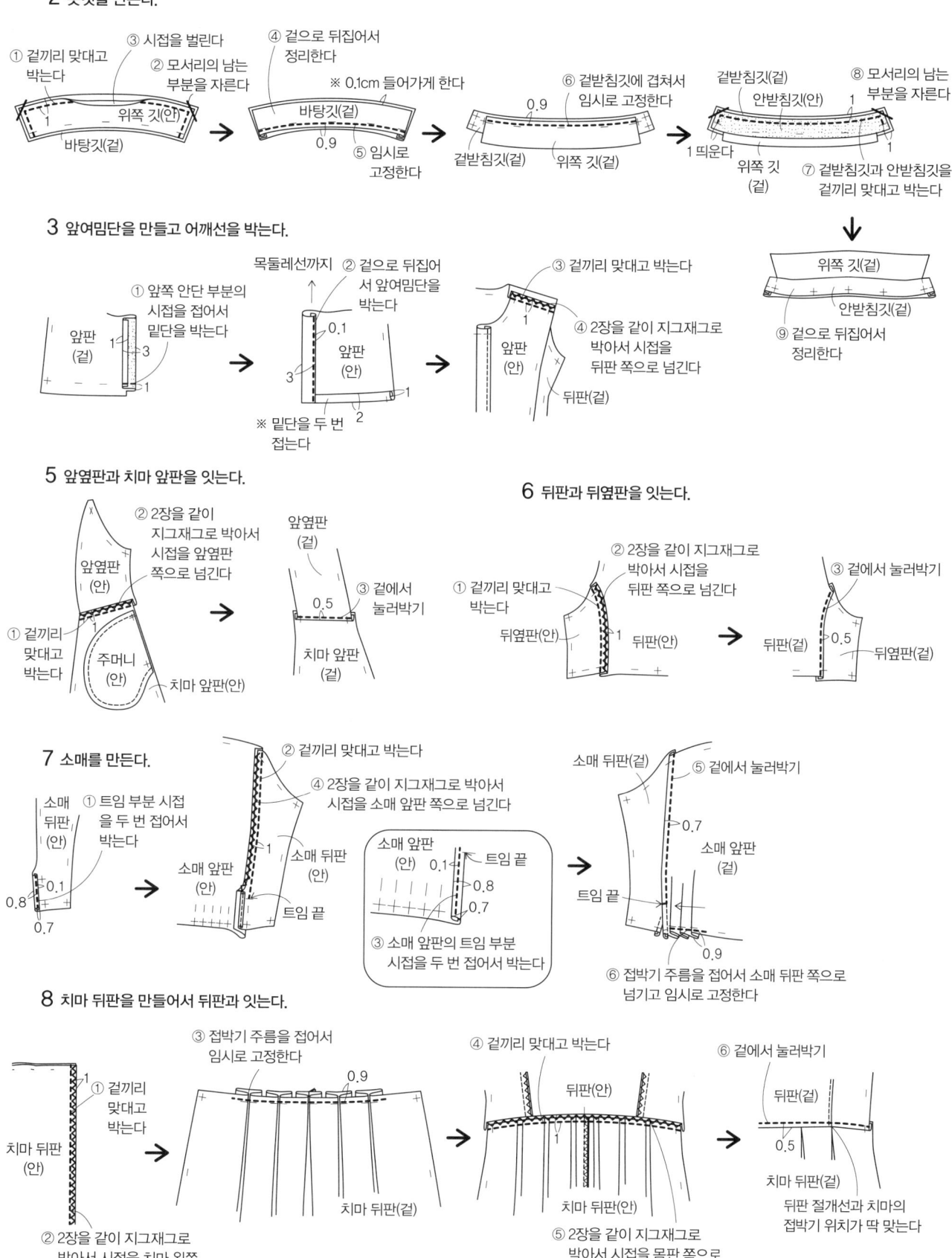

9

프리얀카 Photo P.20

Point

너무 펑퍼짐해지지 않도록 얇은 옷감을 추천합니다. 앞판은 지정된 위치에 단추를 달면 살짝 무거워져요. 만일 신경이 쓰인다면 단추 다는 위치를 왼쪽으로 조금 옮겨도 괜찮습니다. 작품 2번, 6번 소매로 바꿔서 만들 수도 있습니다.

완성 치수(왼쪽에서부터 사이즈 1 / 사이즈 2)
가슴둘레 104 / 110cm
전체 길이 원피스 117 / 122cm 블라우스 64 / 67cm

재료(왼쪽에서부터 사이즈 1 / 사이즈 2)

- **원피스**
  - 코튼 80수 타이프라이터 와이드 폭 검정 143cm 폭×320 / 330cm
  - 1cm 폭 늘어남 방지 접착테이프 40cm
  - 접착심지 30×125cm
  - 잘라 쓰는 단춧고리 15개
  - 지름 1.15cm 단추 17개
- **블라우스**
  - 리버티프린트 검정 108cm 폭×220cm
  - 코튼 80수 타이프라이터 와이드 폭 검정 143cm 폭×55cm
  - 접착심지 40×65cm
  - 잘라 쓰는 단춧고리 8개
  - 지름 1.15cm 단추 12개

옷본

- 원피스

실물 크기 옷본 F면【 9 】
1-앞판, 2-뒤판, 3-옷깃, 4-앞중심판, 5-앞여밈단, 6-앞아래판, 7-뒤아래판, 10-소매
실물 크기 옷본 A면【 공통 주머니 】

- 블라우스

실물 크기 옷본 F면【 9 】
1-앞판, 2-뒤판, 3-옷깃, 4-앞중심판, 5-앞여밈단, 8-앞아래판, 9-뒤아래판, 10-소매

〈 만드는 순서 〉

원피스

앞
뒤
1 앞아래판에 주머니를 만든다.
→ P.37-1 참조
2 앞중심판과 앞여밈단을 잇는다.
3 앞 · 뒤아래판과 치마 앞 · 뒤판에 주름을 잡아서 박는다.
4 앞중심판과 앞판을 잇는다.
5 옷깃을 만들어서 단다.
6 소맷부리를 처리한다.
7 소매를 단다.
8 소매 옆선부터 몸판 옆선을 한번에 이어서 박는다.
→ P.40-7 참조
9 밑단을 처리한다.
10 커프스를 만들어서 단다.
11 단추를 단다.

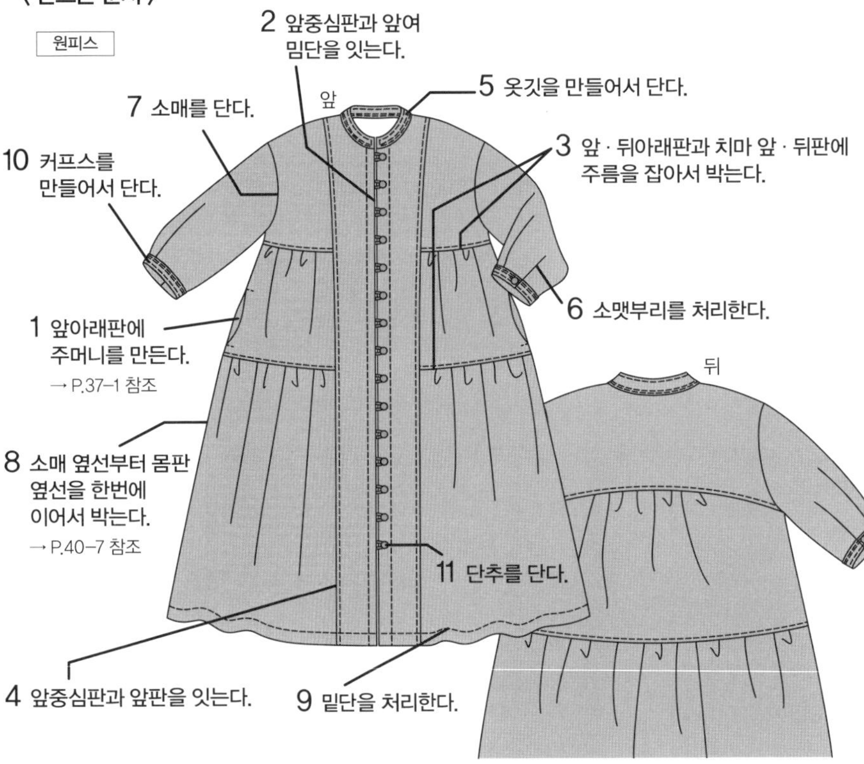

블라우스

앞
뒤

※ 만드는 법은 원피스와 같으나 치마는 달지 않는다.
8은 P.46-6을 참조하여 슬릿을 만든다.

[커프스]

소매 옆선
8.2/8.7
4
28/29

※ 주위에 1cm 시접을 넣는다.

〈 옷감을 마름질하는 법 〉 원피스

커프스(2장)
소맷부리 트임 파이핑감(1장)
3 × 30
주머니 (4장)
(0)
앞아래판 (2장)
1
주머니 입구
앞판(2장)
뒤판 (1장)
앞여밈단 (2장)
옷깃(2장)
뒤아래판 (1장)
골선
320 / 330 cm
소매 (2장)
앞중심판(2장)
47.5/49
주름 끝
3.5/5
61.5/64
치마 앞판 (2장)
(3)
64.5/66
주름 끝
61.5/64
치마 뒤판 (1장)
(3)
143cm 폭

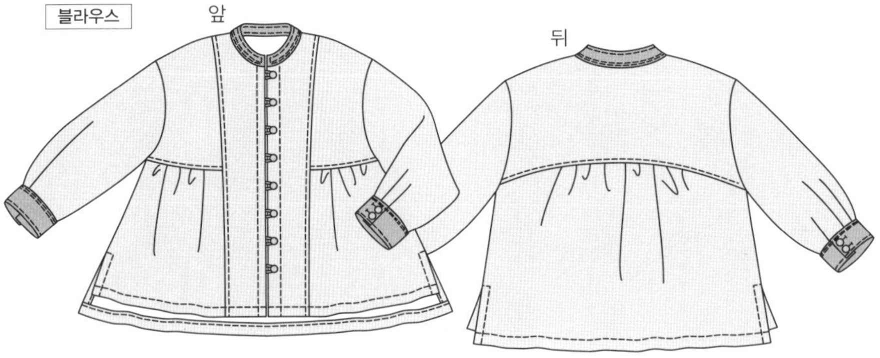

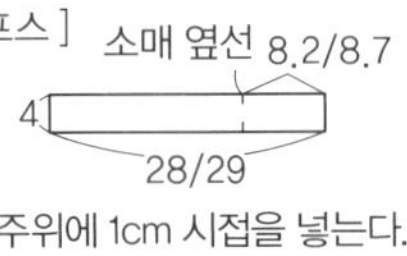

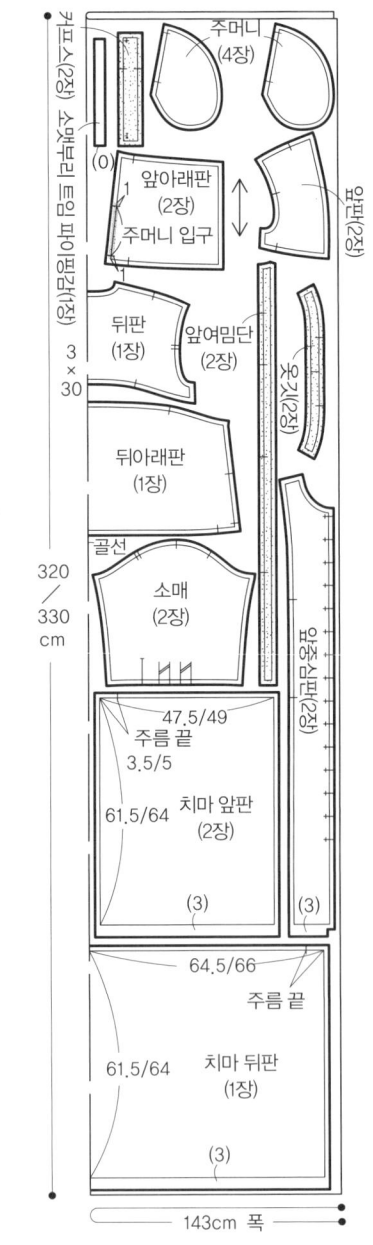

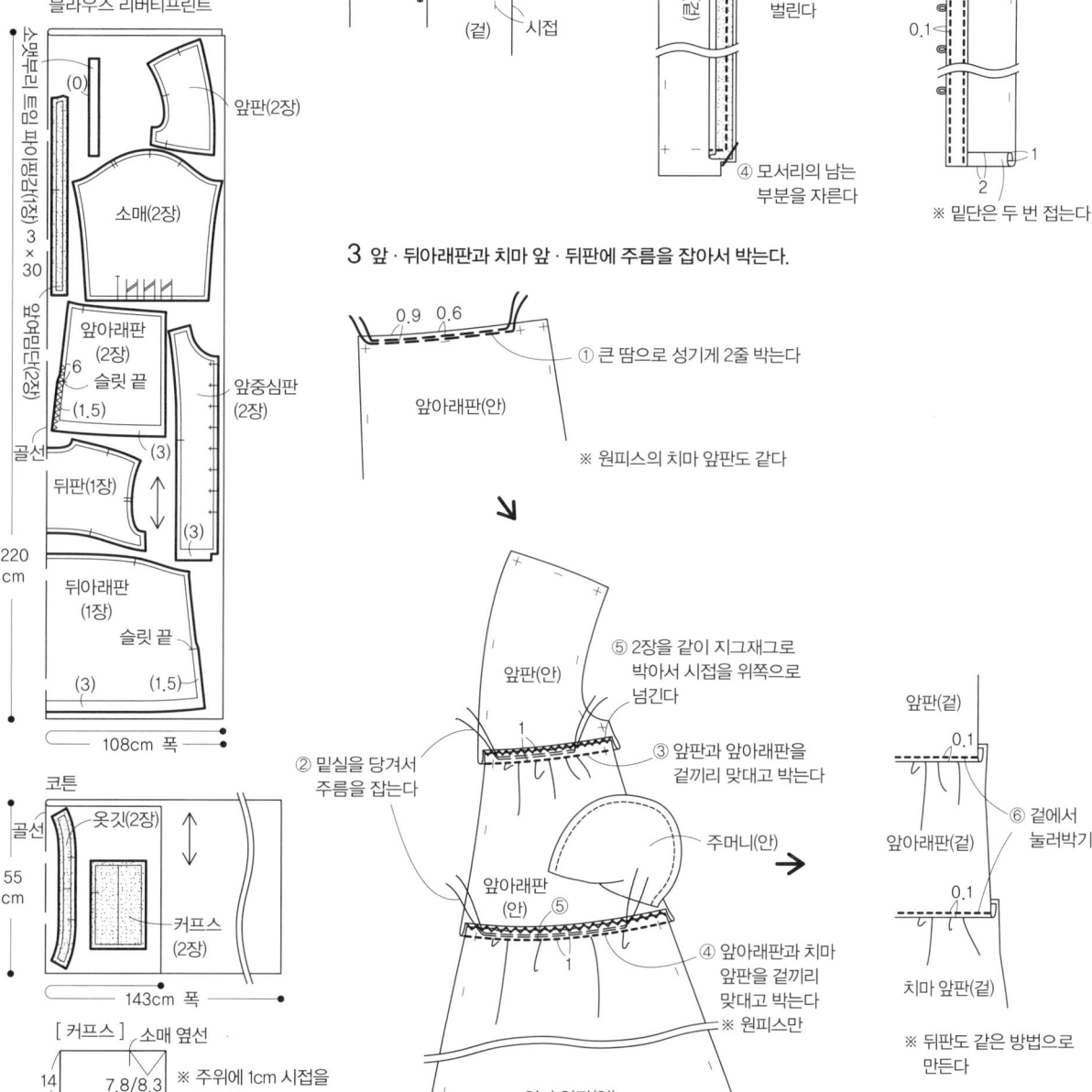

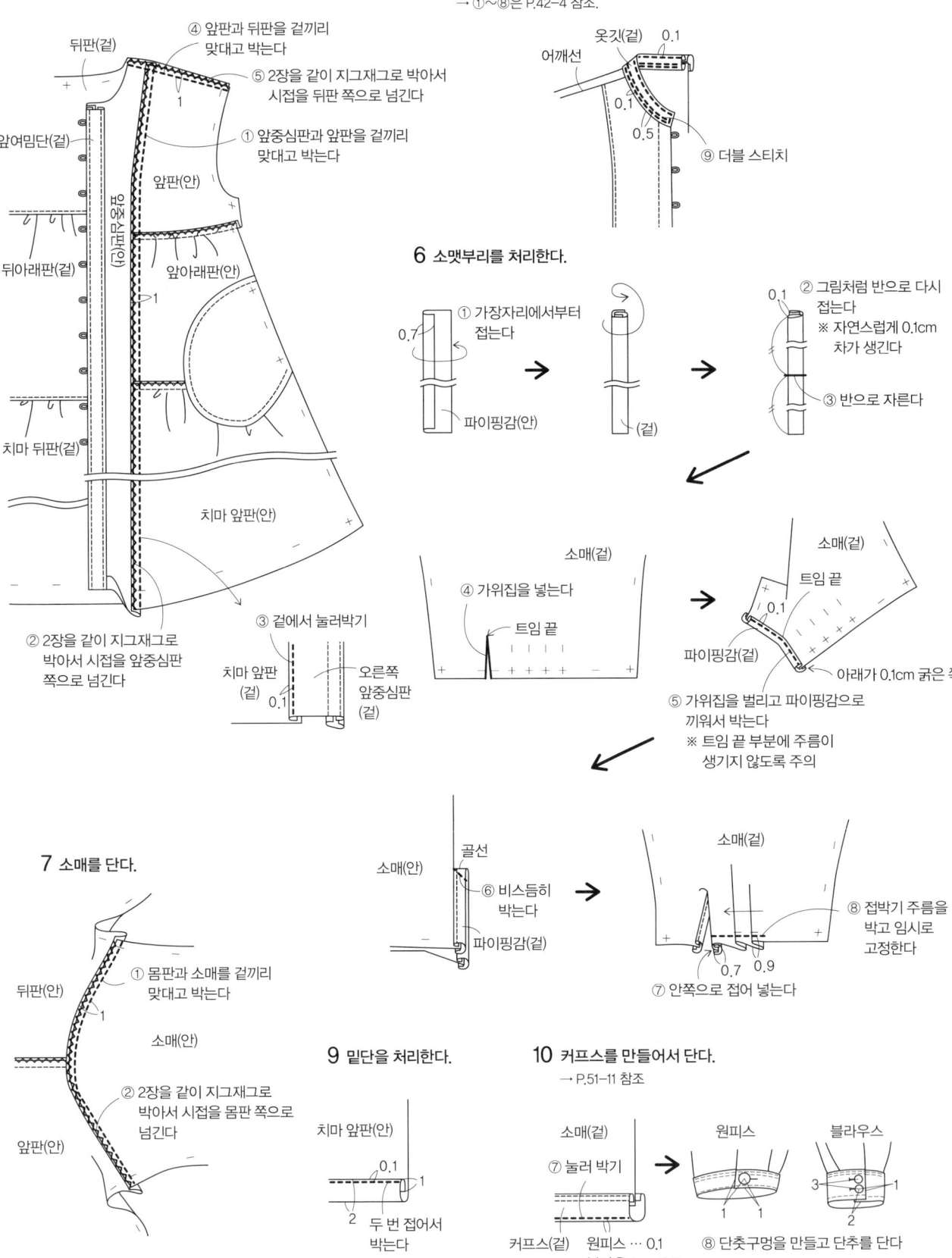

10

사리카 Photo P.22

Point
몸판에 다트를 넣었기 때문에 날씬하게 보이면서 입었을 때는 여유 있습니다. 체크무늬 울 등의 옷감으로 만들어도 세련되고 멋집니다. 사리카는 디자인 하나로 변형 작품 네 가지를 만들 수 있습니다.

완성 치수
(왼쪽에서부터 사이즈 1 / 사이즈 2)
허리둘레 95 / 101cm
전체 길이 118 / 123cm

재료(왼쪽에서부터 사이즈 1 / 사이즈 2)
- 원피스
- 워싱 초고밀도 치노클로스 40수
  치노베이지 155cm 폭×270 / 280cm
- 1cm 폭 늘어남 방지 접착테이프 80cm

옷본
- 실물 크기 옷본 A면【 10 】
  1-앞판, 2-뒤판, 3-어깨끈, 4-주머니 위판,
  5-주머니 밑판, 6-치마 앞옆판, 7-치마 뒤옆판

〈 만드는 순서 〉

기본 원피스

5 몸판과 치마를 잇는다.
→ P.62-9 참조

1 앞판을 만든다.

3 치마 앞옆판에 주머니를 단다.
→ P.61-4 ③~⑧ 참조

4 치마를 만든다.

6 밑단을 처리한다.

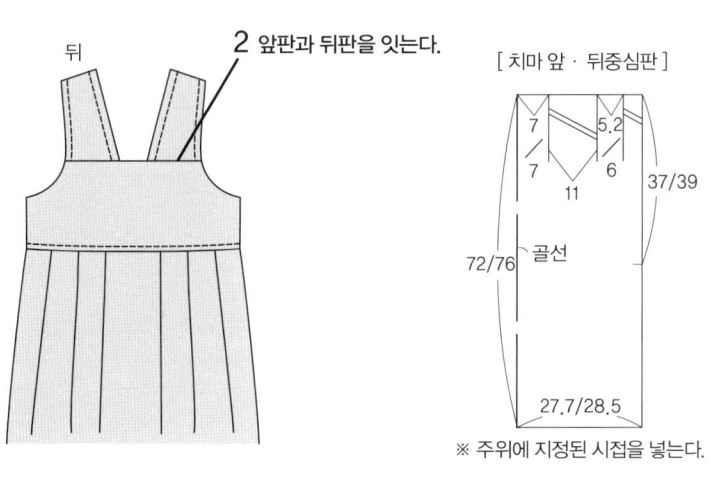

2 앞판과 뒤판을 잇는다.

[치마 앞·뒤중심판]

7   5.2
7   6
  11   37/39

72/76   골선

27.7/28.5

※ 주위에 지정된 시접을 넣는다.

※ 숫자는 위(왼쪽)에서부터 사이즈 1 / 사이즈 2.
※ ( ) 안은 시접. 정해진 곳 이외에는 1cm.
※ ▓ 는 뒷면에 늘어남 방지 접착테이프를 붙인다.
※ ⌇⌇ 는 시접에 지그재그 박기를 한다.

〈 옷감을 마름질하는 법 〉

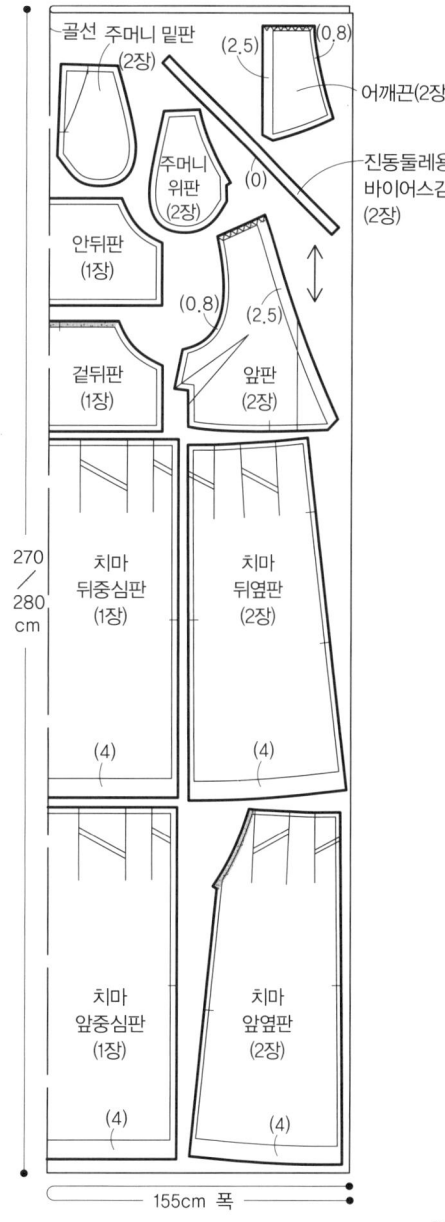

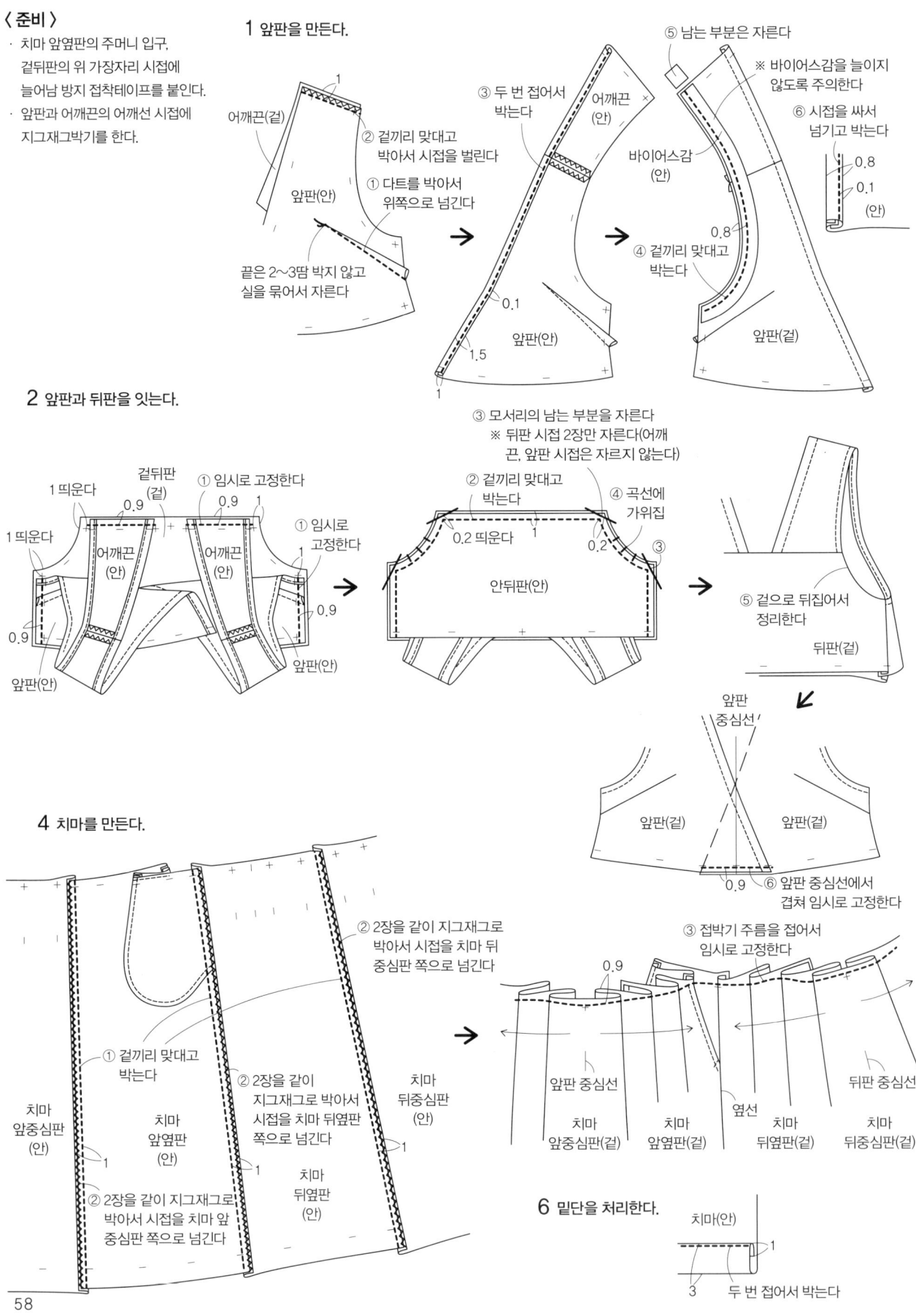

10

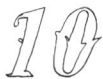

사리카 변형 2 Photo P.26

Point

접박기 스커트로 허리 부분이 차분하게 몸에 맞아 깔끔하게 입을 수 있습니다. 와이드 폭 옷감으로 만들 때는 치마 앞 · 뒤중심판, 치마 앞 · 뒤옆판을 각각 이어서 앞판 중심선 · 뒤판 중심선을 골선으로 하여 2장으로 만들 수도 있습니다.

완성 치수
(왼쪽에서부터 사이즈 1 / 사이즈 2)
치마 길이 79.5 / 83.5cm

재료(왼쪽에서부터 사이즈 1 / 사이즈 2)
- 리버티프린트 108cm 폭×310cm
- 1cm 폭 늘어남 방지 접착테이프 40cm
- 3cm 폭 납작 고무줄 75~80cm

옷본
- 실물 크기 옷본 A면【 10 】
  4–주머니 위판, 5–주머니 밑판
  6–치마 앞옆판, 7–치마 뒤옆판

〈 만드는 순서 〉

스커트

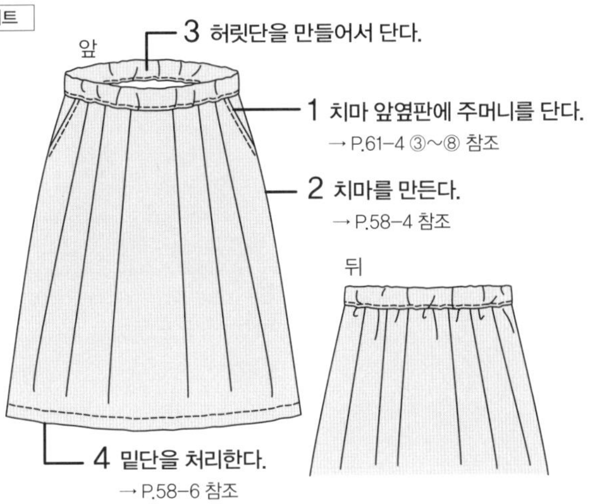

앞
3 허릿단을 만들어서 단다.
1 치마 앞옆판에 주머니를 단다.
→ P.61–4 ③~⑧ 참조
2 치마를 만든다.
→ P.58–4 참조
뒤
4 밑단을 처리한다.
→ P.58–6 참조

〈 옷감을 마름질하는 법 〉

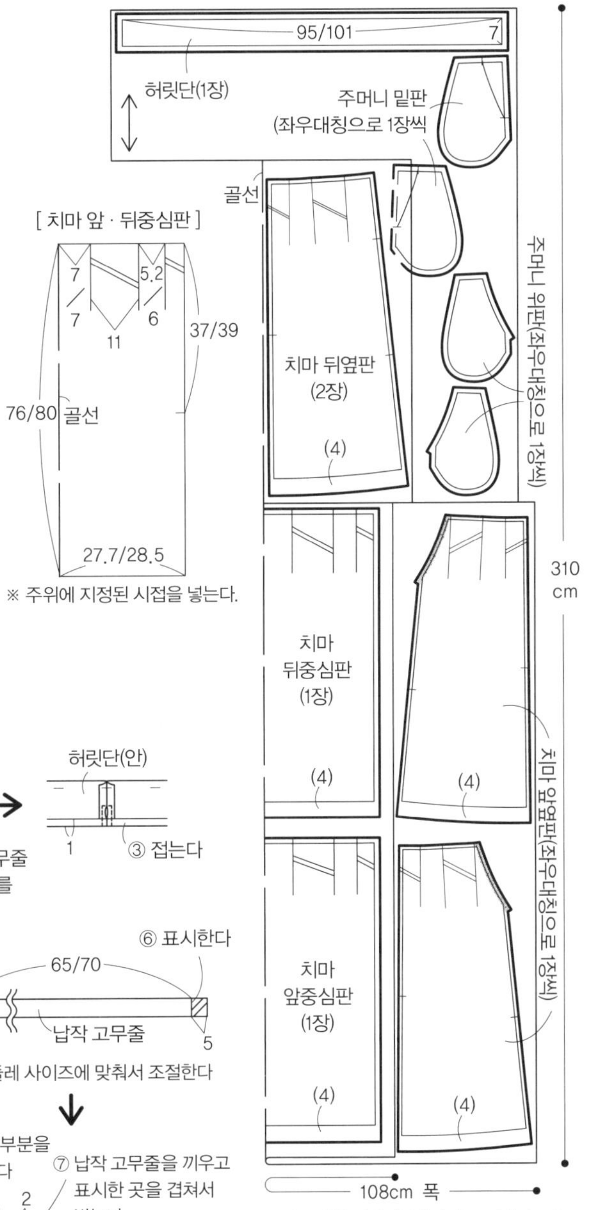

95/101
7
허릿단(1장)
주머니 밑판
(좌우대칭으로 1장씩
골선
[치마 앞 · 뒤중심판]
7
5.2
7
6
11
37/39
76/80 골선
27.7/28.5
※ 주위에 지정된 시접을 넣는다.
주머니 위판(좌우대칭으로 1장씩)
치마 뒤옆판
(2장)
(4)
치마
뒤중심판
(1장)
(4)
(4)
치마 앞옆판(좌우대칭으로 1장씩)
310
cm
치마
앞중심판
(1장)
(4)
(4)
108cm 폭

※ 숫자는 위(왼쪽)에서부터 사이즈 1 / 사이즈 2.
※ ( ) 안은 시접. 정해진 곳 이외에는 1cm.
※ ▒ 는 뒷면에 늘어남 방지 접착테이프를 붙인다.

〈 준비 〉

- 치마 앞옆판의 주머니 입구 시접에 늘어남 방지 접착테이프를 붙인다.

3 허릿단을 만들어서 단다.

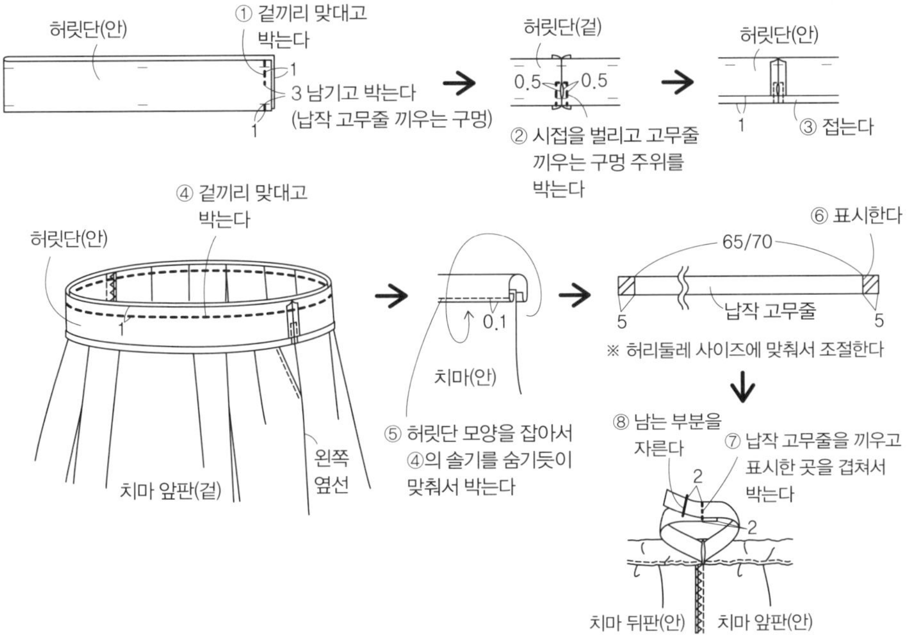

허릿단(안)
① 겉끼리 맞대고
박는다
1
3 남기고 박는다
(납작 고무줄 끼우는 구멍)
1
허릿단(겉)
0.5
0.5
② 시접을 벌리고 고무줄
끼우는 구멍 주위를
박는다
허릿단(안)
1
③ 접는다
④ 겉끼리 맞대고
박는다
허릿단(안)
1
치마 앞판(겉)
왼쪽
옆선
0.1
치마(안)
⑤ 허릿단 모양을 잡아서
④의 솔기를 숨기듯이
맞춰서 박는다
⑥ 표시한다
65/70
5
납작 고무줄
5
※ 허리둘레 사이즈에 맞춰서 조절한다
⑧ 남는 부분을
자른다
⑦ 납작 고무줄을 끼우고
표시한 곳을 겹쳐서
박는다
2
2
치마 뒤판(안)
치마 앞판(안)

사리카 변형 1 Photo P.24

Point

전체 길이가 넉넉한 디자인이므로 사진처럼 롤업하여 입어도 좋습니다. 전체 길이를 조절할 때는 바지 밑단이 아니라 밑단의 다트 위 부근을 평행으로 절개하여 조절합니다.

완성 치수

(왼쪽에서부터 사이즈 1 / 사이즈 2)
허리둘레 95 / 101cm
전체 길이 134 / 140cm

재료 (왼쪽에서부터 사이즈 1 / 사이즈 2)

- 면마 민무늬 염색 라이트그레이 112cm 폭×310 / 320cm
- 1cm 폭 늘어남 방지 접착테이프 80cm
- 접착심지 40×35

옷본

실물 크기 옷본 A면【 10 】
1-앞판, 2-뒤판, 3-어깨끈,
4-주머니 위판, 5-주머니 밑판,
8-바지 앞판, 9-앞쪽 밑단 안단,
10-바지 뒤판, 11-뒤쪽 밑단 안단

〈 만드는 순서 〉

[멜빵바지]

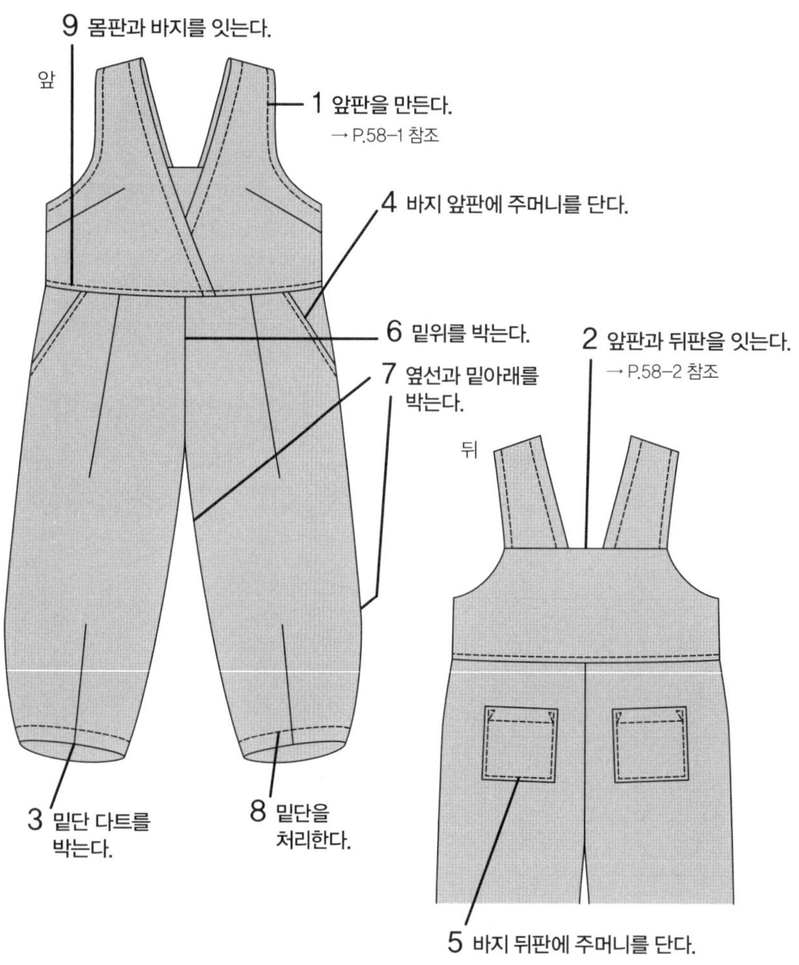

1. 앞판을 만든다. → P.58-1 참조
2. 앞판과 뒤판을 잇는다. → P.58-2 참조
3. 밑단 다트를 박는다.
4. 바지 앞판에 주머니를 단다.
5. 바지 뒤판에 주머니를 단다.
6. 밑위를 박는다.
7. 옆선과 밑아래를 박는다.
8. 밑단을 처리한다.
9. 몸판과 바지를 잇는다.

※ 숫자는 위(왼쪽)에서부터 사이즈 1 / 사이즈 2.
※ ( ) 안은 시접. 정해진 곳 이외에는 1cm.
※ ▩ 는 뒷면에 접착심지를 붙인다.
※ ▨ 는 뒷면에 늘어남 방지 접착테이프를 붙인다.
※ ∿ 는 시접에 지그재그 박기를 한다.

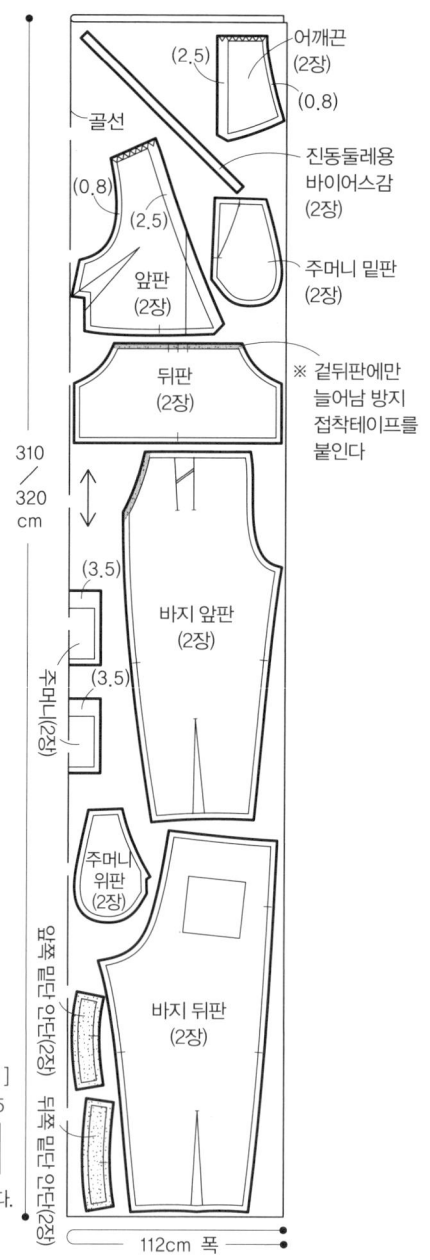

〈 옷감을 마름질하는 법 〉

[주머니] 14.5/15 × 14.5/15

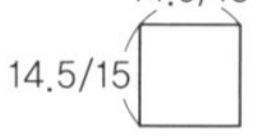

※ 지정된 시접을 넣는다.

〈 준비 〉
- 바지 앞판의 주머니 입구, 겉뒤판의 위쪽 가장자리 시접에 늘어남 방지 접착테이프를 붙인다.
- 앞·뒤쪽 밑단 안단에 접착심지를 붙인다.
- 앞판과 어깨끈의 어깨선 시접에 지그재그박기를 한다.

3 밑단 다트를 박는다.

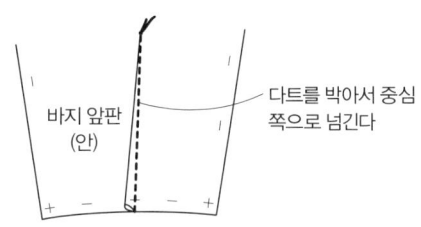

4 바지 앞판에 주머니를 단다.

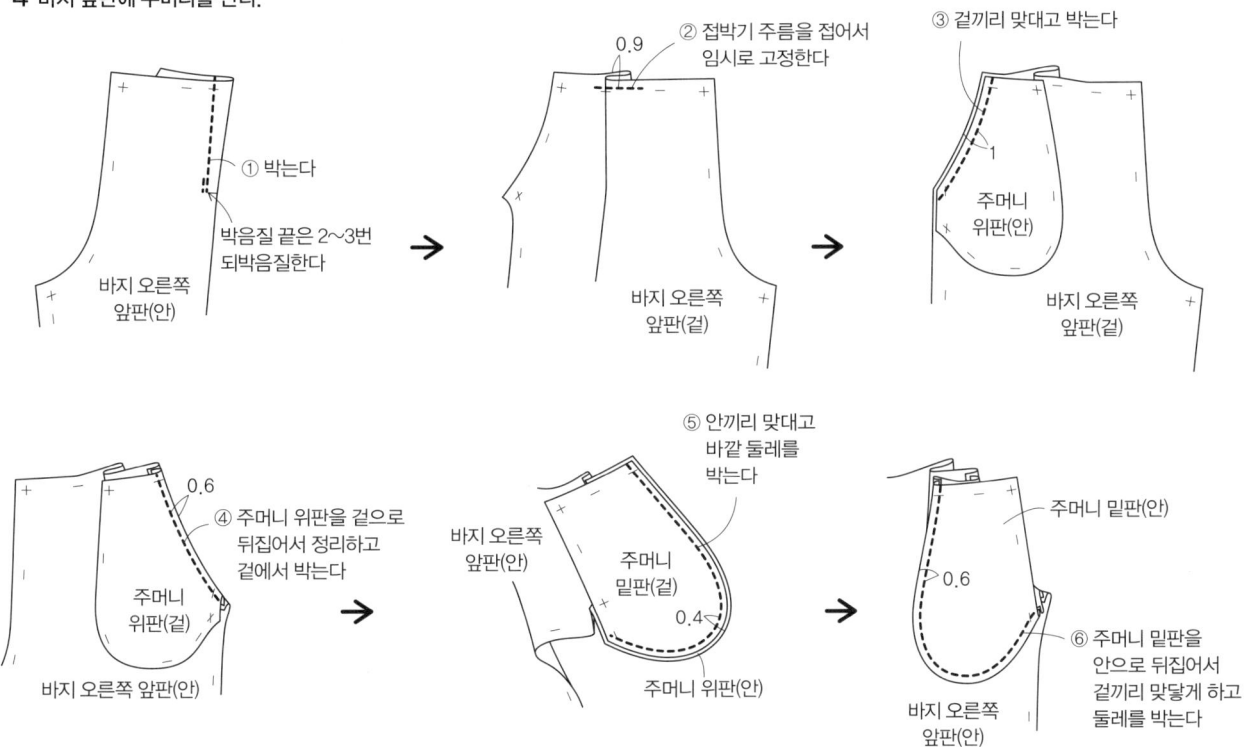

5 바지 뒤판에 주머니를 단다.

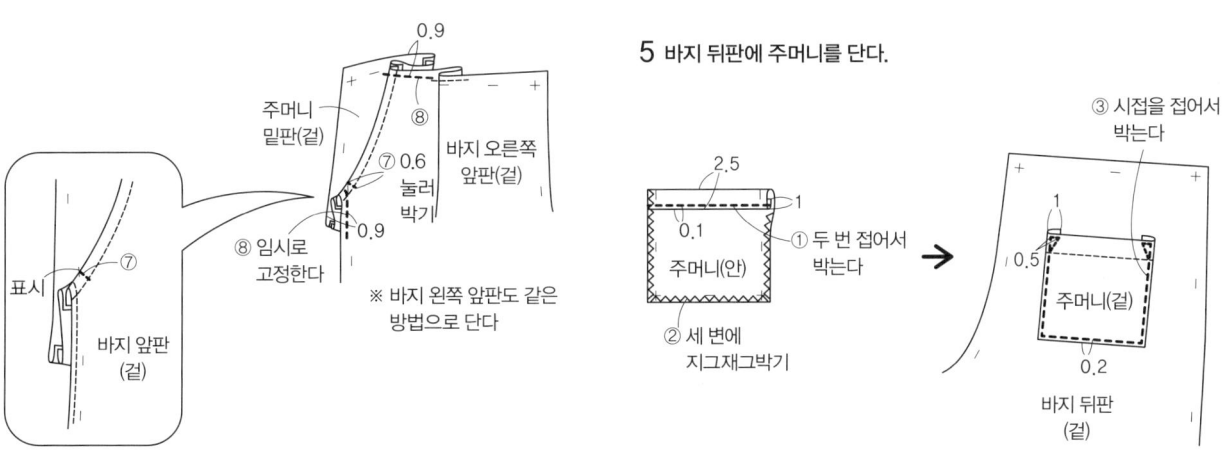

6 밑위를 박는다.

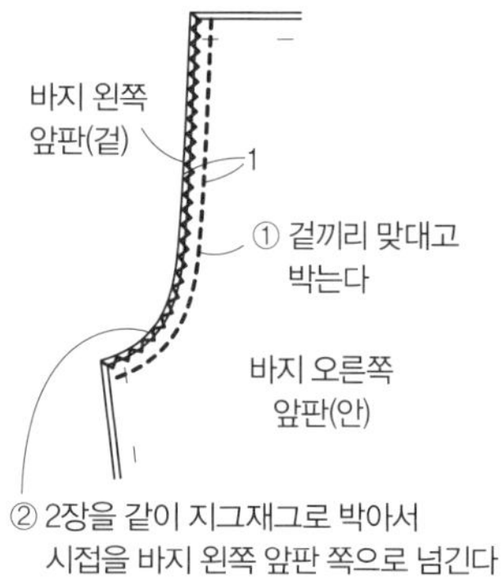

- 바지 왼쪽 앞판(겉)
- ① 겉끼리 맞대고 박는다
- 바지 오른쪽 앞판(안)
- ② 2장을 같이 지그재그로 박아서 시접을 바지 왼쪽 앞판 쪽으로 넘긴다

※ 바지 뒤판도 같은 방법으로 박는다

7 옆선과 밑아래를 박는다.

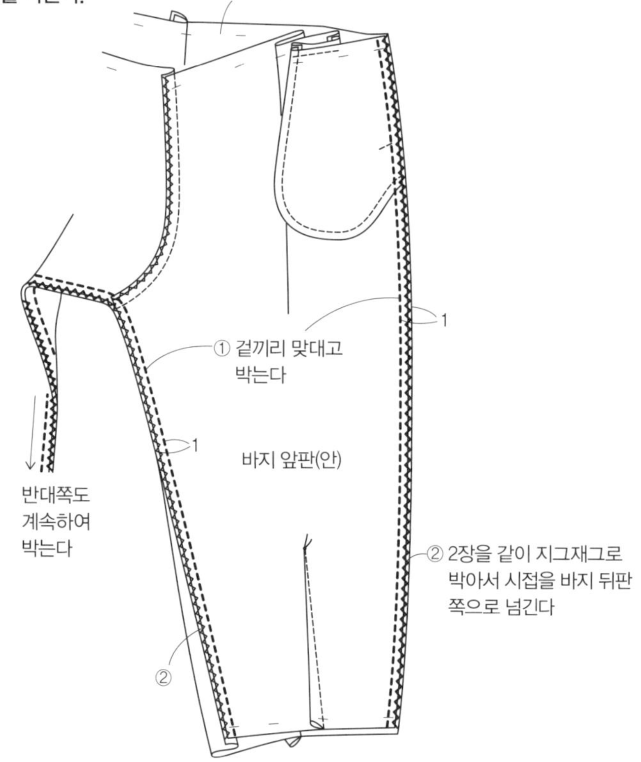

- 바지 뒤판(겉)
- ① 겉끼리 맞대고 박는다
- 바지 앞판(안)
- 반대쪽도 계속하여 박는다
- ② 2장을 같이 지그재그로 박아서 시접을 바지 뒤판 쪽으로 넘긴다

8 밑단을 처리한다.

- 앞쪽 밑단 안단(안)
- ② 위쪽 시접을 접는다
- 뒤쪽 밑단 안단(겉)
- ① 겉끼리 맞대고 박아서 시접을 벌린다
- 바지 앞판(겉), 다트, 밑아래, 옆선
- 앞쪽 밑단 안단(안)
- ③ 겉끼리 맞대고 박는다
- 바지 앞판(겉)
- 밑단 안단(겉)
- ④ 시접을 안단 쪽으로 넘기고 눌러박는다
- 바지 앞판(안)
- 0.1
- 0.1 들어가게 한다
- 앞쪽 밑단 안단(겉)
- ⑤ 밑단 안단을 겉으로 접어서 넘기고 정리하여 박는다

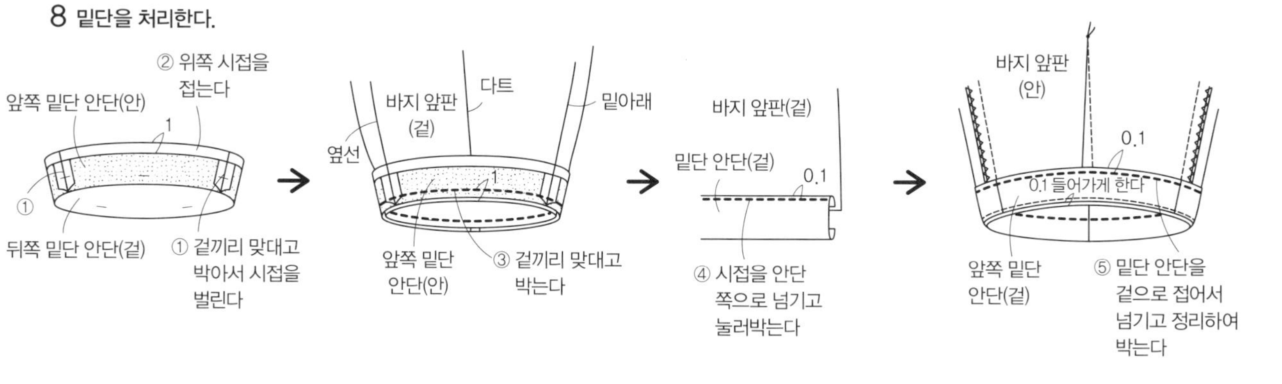

9 몸판과 바지를 잇는다.

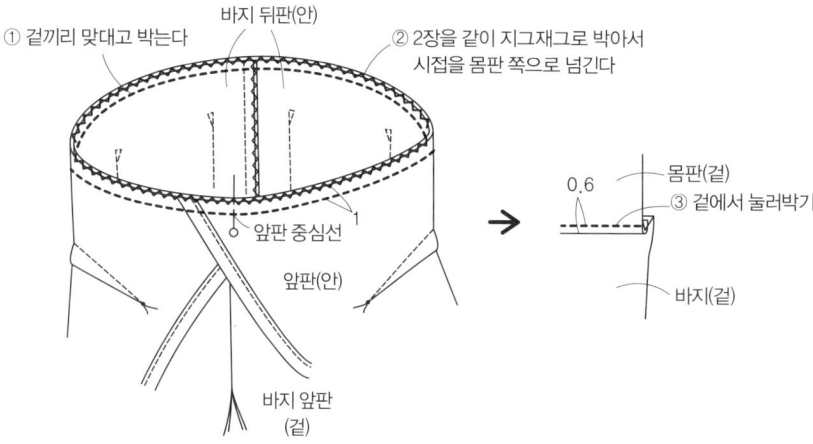

- ① 겉끼리 맞대고 박는다
- 바지 뒤판(안)
- ② 2장을 같이 지그재그로 박아서 시접을 몸판 쪽으로 넘긴다
- 앞판 중심선
- 앞판(안)
- 바지 앞판(겉)
- 몸판(겉)
- 0.6
- ③ 겉에서 눌러박기
- 바지(겉)

사리카 변형 3 Photo P.27

Point

넉넉해서 착용감이 편안한 루즈핏 팬츠. 밑단에 다트를 넣어 살짝 벌룬 스타일로 만들었습니다. 다트를 넣지 않고 만들 수도 있습니다. 그때는 밑단에 원하는 폭만큼 시접을 두어 두 번 접어박기로 처리합니다.

완성 치수
(왼쪽에서부터 사이즈 1 / 사이즈 2)
바지 길이 92 / 96cm

재료(왼쪽에서부터 사이즈 1 / 사이즈 2)
- 코튼 코듀로이 1.5mm
  오프화이트 104cm 폭×240cm
- 안감용 옷감 50×35cm
- ※ 바지에 얇은 옷감을 사용할 때는 겉감과 같은 옷감을 사용하는 것도 가능
- 1cm 폭 늘어남 방지 접착테이프 40cm
- 접착심지 40×35cm
- 3cm 폭 납작 고무줄 75～80cm

옷본
- 실물 크기 옷본 A면【10】
  4-주머니 위판, 5-주머니 밑판,
  8-바지 앞판, 9-앞쪽 밑단 안단,
  10-바지 뒤판, 11-뒤쪽 밑단 안단

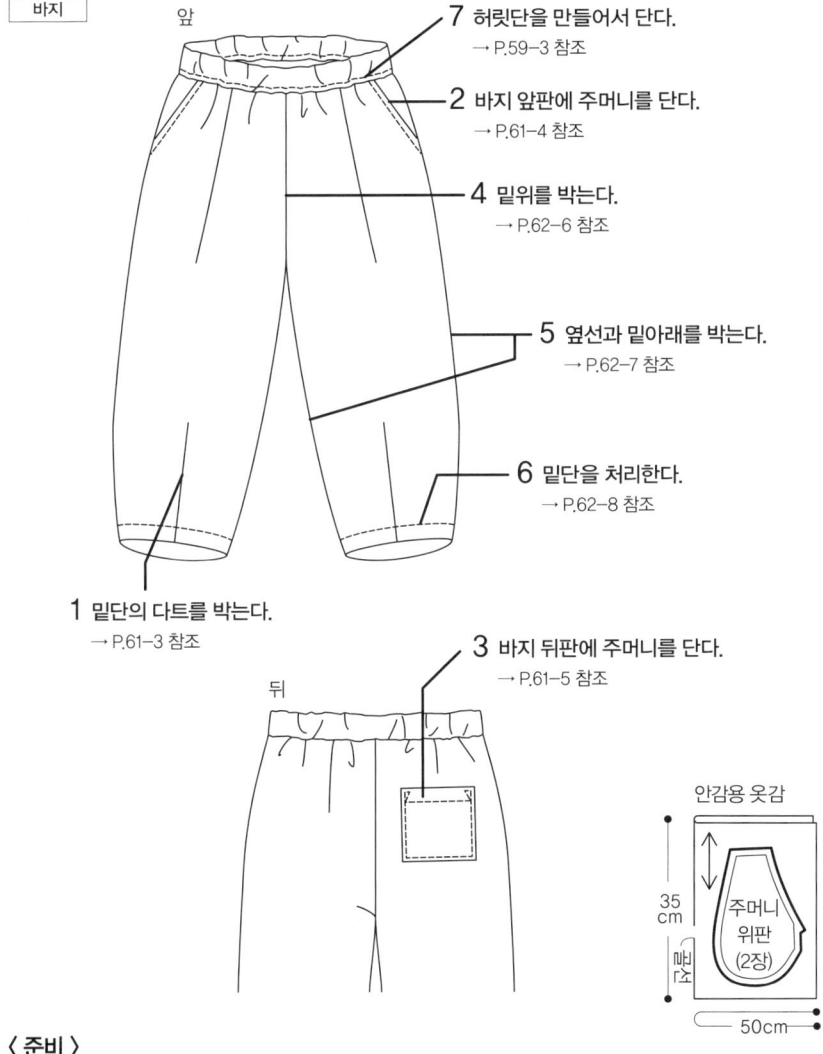

〈 준비 〉
- 바지 앞판의 주머니 입구 시접에 늘어남 방지 접착테이프를 붙인다.
- 앞·뒤쪽 밑단 안단에 접착심지를 붙인다.

※ 숫자는 위(왼쪽)에서부터 사이즈 1 / 사이즈 2.
※ ( ) 안은 시접. 정해진 곳 이외에는 1cm.
※ ▨는 뒷면에 접착심지를 붙인다.
※ ▨는 뒷면에 늘어남 방지 접착테이프를 붙인다.

11

키아라 Photo P.18

Point

앞옆판의 절개선을 이용한 주머니와 센터 벤트는 얼핏 보기에는 어려울 것 같지만 실제로 만들어 보면 간단히 할 수 있어서 도전해 볼 만하답니다. 소맷부리의 태브를 꼭 조이면 주름을 잡아 만든 것 같은 귀여운 실루엣으로 변합니다.

완성 치수
(왼쪽에서부터 사이즈 1 / 사이즈 2)
가슴둘레 114 / 120cm
전체 길이 101 / 106cm

재료(왼쪽에서부터 사이즈 1 / 사이즈 2)
- 워싱 면 코마 버버리 하드피니시 가공 테라코타 105cm 폭×370/380cm
- 1cm 폭 늘어남 방지 접착테이프 80cm
- 접착심지 70×120cm
- 지름 2cm 단추 5개
- 지름 1.8cm 단추 4개(소매용)

옷본
실물 크기 옷본 I면【11】
1-앞판, 2-앞쪽 안단, 3-앞옆판,
4-주머닛감, 5-뒤판, 6-뒤쪽 안단,
7-왼쪽 벤트 안단, 8-바깥쪽 소매,
9-안쪽 소매, 10-태브

〈 만드는 순서 〉

앞
1 소맷부리 태브를 만든다.
4 몸판, 안단의 어깨선을 박는다.
8 소매를 만들어서 단다.
2 앞판에 주머니를 단다.
9 단춧구멍을 만들고 단추를 단다.
6 옆선을 박는다.
→ P.38-8 ①, ② 참조
5 안단을 잇는다.
7 밑단을 처리한다.

뒤
3 센터 벤트를 만든다.

※ 숫자는 위(왼쪽)에서부터 사이즈 1 / 사이즈 2.
※ ( ) 안은 시접. 정해진 곳 이외에는 1cm.
※ ▨ 는 뒷면에 접착심지를 붙인다.
※ ▩ 는 뒷면에 늘어남 방지 접착테이프를 붙인다.
※ ⌇⌇ 는 시접에 지그재그 박기를 한다.

〈 옷감을 마름질하는 법 〉

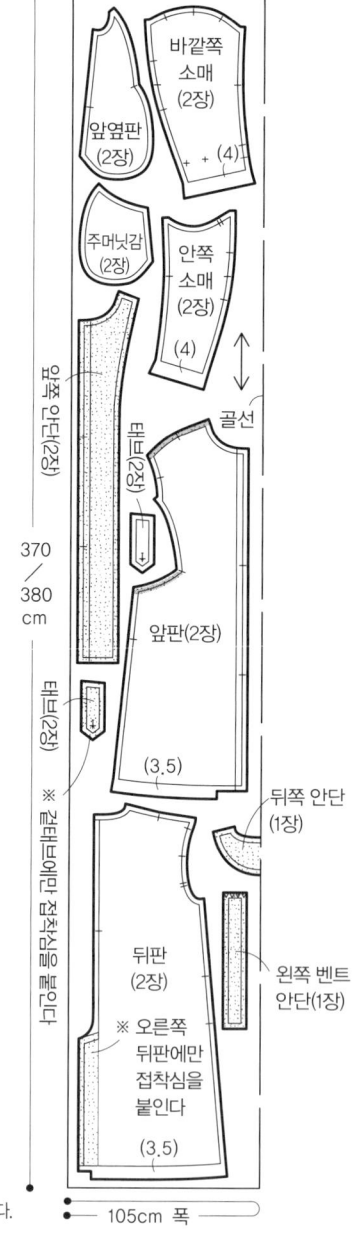

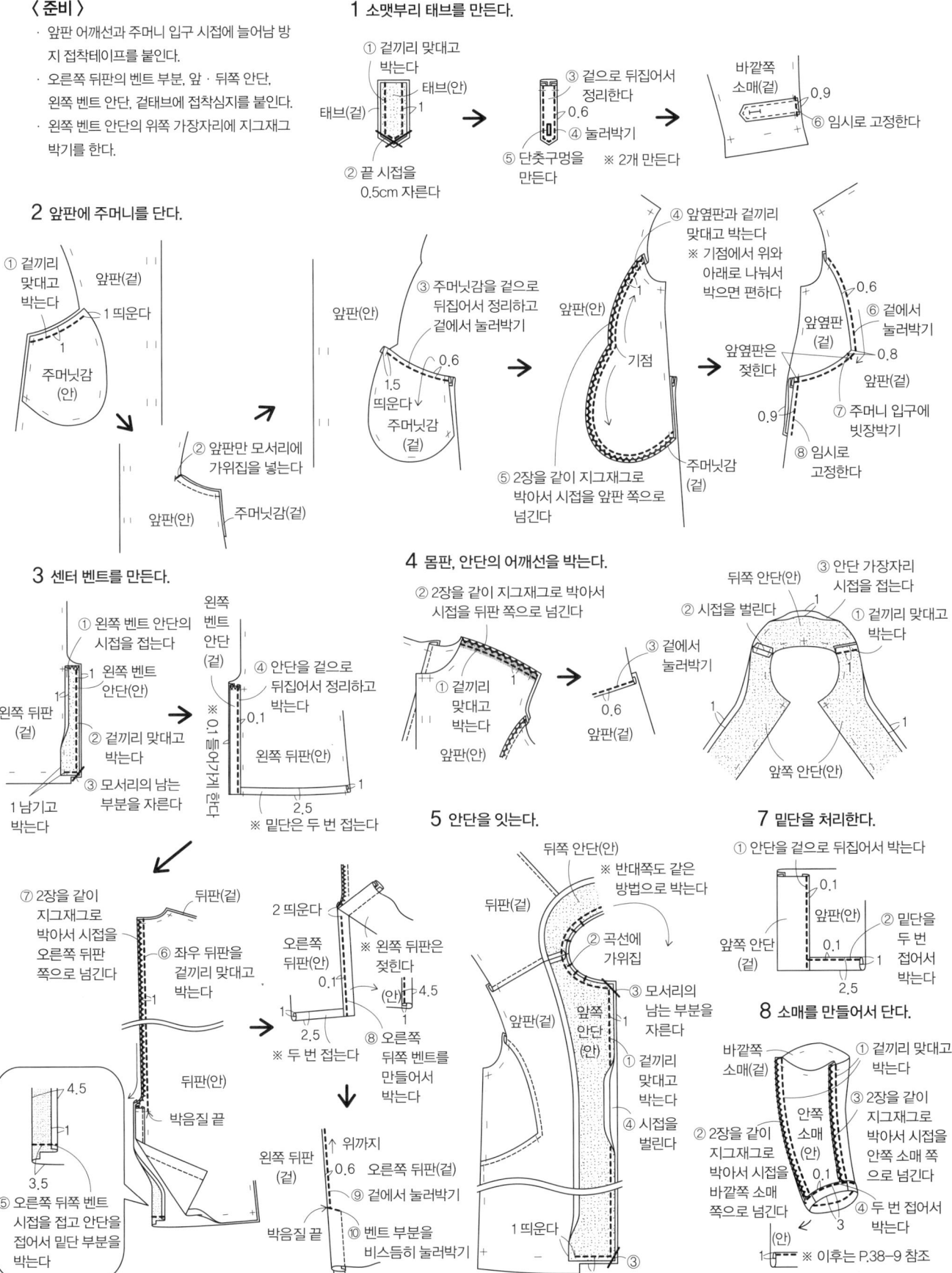

마야 Photo P.30

Point

옷감에 따라 캐주얼하기도, 포멀하기도 한 아우터. 몸판에서 이어진 옷깃은 앞쪽 어깨 끝에 접박기를 넣었기 때문에 깔끔하게 접힙니다. 이 부분이 제일 어렵지만 다른 부분은 간단해서 쉽게 만들 수 있어요.

완성 치수
(왼쪽에서부터 사이즈 1 / 사이즈 2)
가슴둘레 111 / 117cm
전체 길이 쇼트 52 / 55cm 롱 108 / 113cm

재료(왼쪽에서부터 사이즈 1 / 사이즈 2)
● 쇼트
· 리넨 베네시안 검정 112cm 폭×240cm
· 얇은 옷감(검정) 10×10cm
· 1cm 폭 늘어남 방지 접착테이프 50cm
· 접착심지 40×80cm
· 지름 2.3cm 단추 1개
● 롱
· 선염 리넨 울 앤티크 체크 검정 148cm 폭×290 / 300cm
· 1cm 폭 늘어남 방지 접착테이프 50cm
· 접착심지 40×140cm

옷본
실물 크기 옷본F면【 12 】
1-앞판, 2-앞쪽 안단, 3-뒤쪽 바대,
4-뒤판, 5-소매 앞판, 6-소매 뒤판,
7-주머니

〈 만드는 순서 〉

〈 옷감을 마름질하는 법 〉

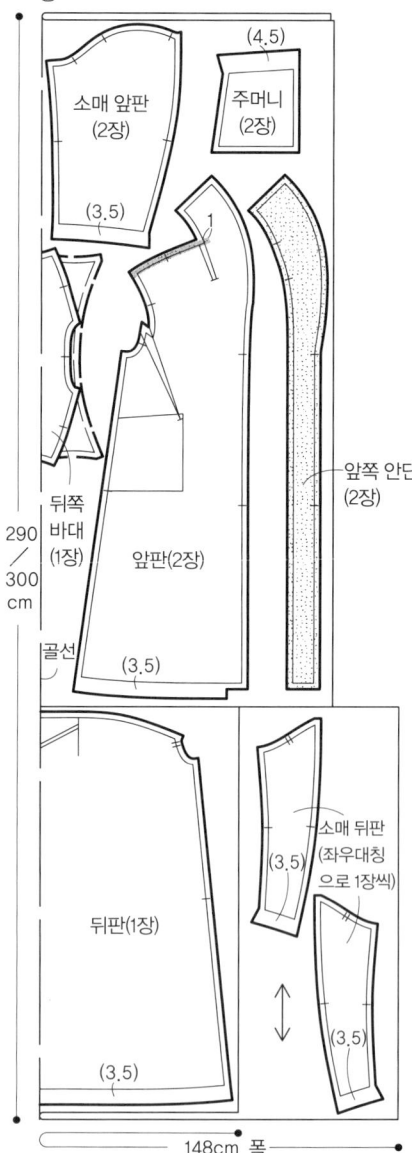

〈 준비 〉
- 앞판 어깨선의 시접에 늘어남 방지 접착테이프를 붙인다.
- 앞쪽 안단에 접착심지를 붙인다.
- P.45 준비를 참조하여 천루프를 만든다.

1 앞판의 접박기와 다트를 만든다.

③ 어깨 끝 위치에 표시한다
1cm 남긴다
(안)
② 접박기를 하여 옆선 쪽으로 넘긴다
앞판(안)
① 다트를 박아서 중심 쪽으로 넘긴다

2 주머니를 만들어서 단다. ※롱 재킷만

② 두 변에 지그재그 박기
① 두 번 접어서 박는다
주머니(안)
③ 시접을 접는다

모서리 시접은 안으로 접어 넣는다

0.9
주머니(겉)
앞판(겉)
⑤ 옆선에 임시로 고정한다
④ 박는다
0.2

쇼트 재킷

골선
소매 뒤판 (2장)
(3.5)
1
앞판 (2장)
뒤쪽 바대 (1장)
(3.5)
240 cm
소매 앞판 (2장)
앞쪽 안단 (2장)
(3.5)
뒤판 (1장)
(3.5)

얇은 옷감
천루프 5×5(1장)
10cm (0)
10cm

112cm 폭

※ 숫자는 위(왼쪽)에서부터 사이즈 1 / 사이즈 2.
※ ( ) 안은 시접. 정해진 곳 이외에는 1cm.
※ ▦ 는 뒷면에 접착심지를 붙인다.
※ ▨ 는 뒷면에 늘어남 방지 접착테이프를 붙인다.

3 어깨선을 박고 뒤쪽 목둘레선을 박는다.

①
① 어깨 끝 위치에 표시한다
뒤쪽 바대(겉)

③ 앞쪽 어깨 끝에 비스듬히 가위집을 넣는다
※ 표시한 곳 바로 앞까지
표시
뒤쪽 바대(겉)
1
② 앞판과 뒤쪽 바대를 겉끼리 맞대고 박는다
앞판(안)

④ 2장을 같이 지그재그로 박아서 시접을 뒤쪽 바대 쪽으로 넘긴다
※ ③의 가위집을 벌린다
뒤쪽 바대(겉)
표시
앞판(안)

⑤ 겉끼리 맞대고 뒤판 중심선을 박아서 시접을 벌린다
⑥ 앞판과 뒤쪽 바대를 겉끼리 맞대고 박아서 시접을 옷깃 쪽으로 넘긴다
표시
표시
1
1
앞판(안)
앞판(안)
뒤쪽 바대(안)
※ 반대쪽 어깨선도 ②~④와 같은 방법으로 박는다

4 안단을 단다.

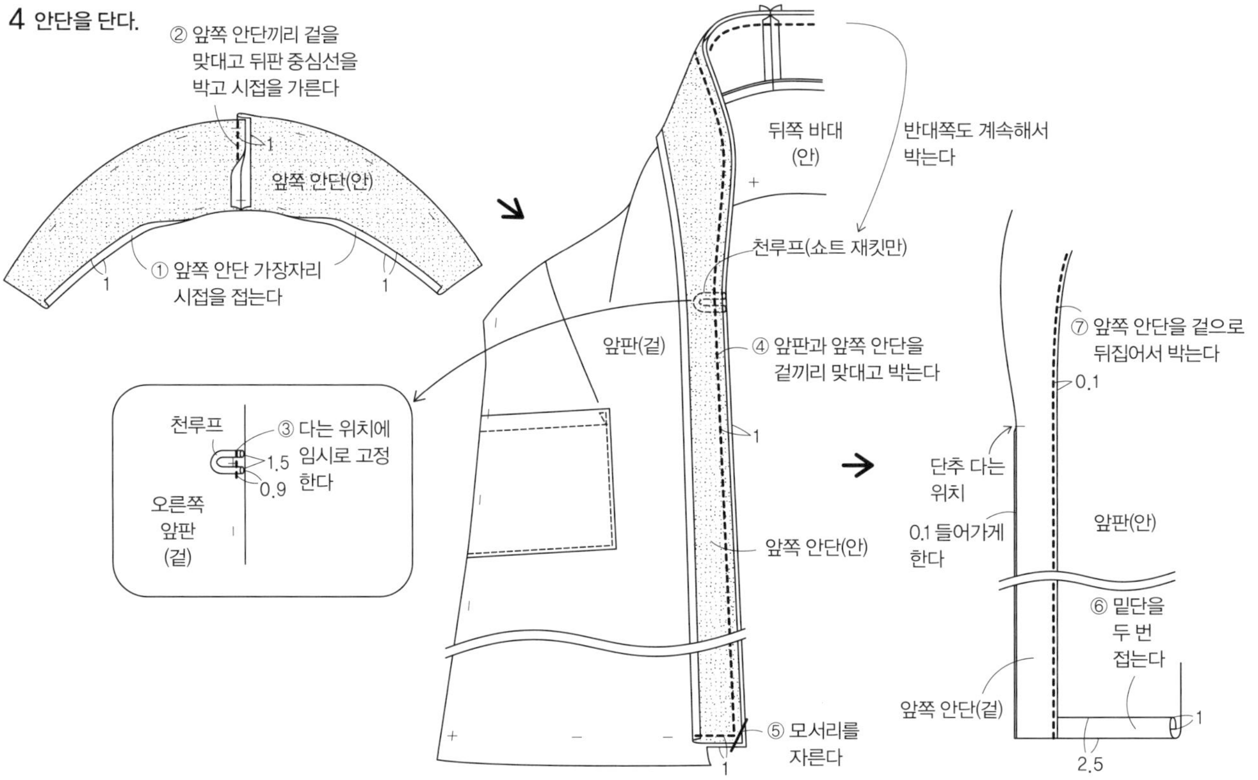

② 앞쪽 안단끼리 겉을 맞대고 뒤판 중심선을 박고 시접을 가른다
1
앞쪽 안단(안)
① 앞쪽 안단 가장자리 시접을 접는다
1
1
천루프
③ 다는 위치에 임시로 고정한다
1.5
0.9
오른쪽 앞판 (겉)
뒤쪽 바대 (안)
반대쪽도 계속해서 박는다
천루프(쇼트 재킷만)
앞판(겉)
④ 앞판과 앞쪽 안단을 겉끼리 맞대고 박는다
1
앞쪽 안단(안)
⑤ 모서리를 자른다
1
⑦ 앞쪽 안단을 겉으로 뒤집어서 박는다
0.1
단추 다는 위치
0.1 들어가게 한다
앞판(안)
⑥ 밑단을 두 번 접는다
앞쪽 안단(겉)
1
2.5

5 뒤판을 만든다.

0.9
① 접박기 주름을 접어서 임시로 고정한다
뒤판(겉)
③ 2장을 같이 지그재그로 박아서 시접을 뒤쪽 바대 쪽으로 넘긴다
뒤쪽 바대(안)
1
② 뒤쪽 바대와 뒤판을 겉끼리 맞대고 박는다
뒤판(안)
뒤쪽 바대(겉)
0.6
④ 겉에서 눌러박기
뒤판 (겉)

6 소매를 만들어서 단다.

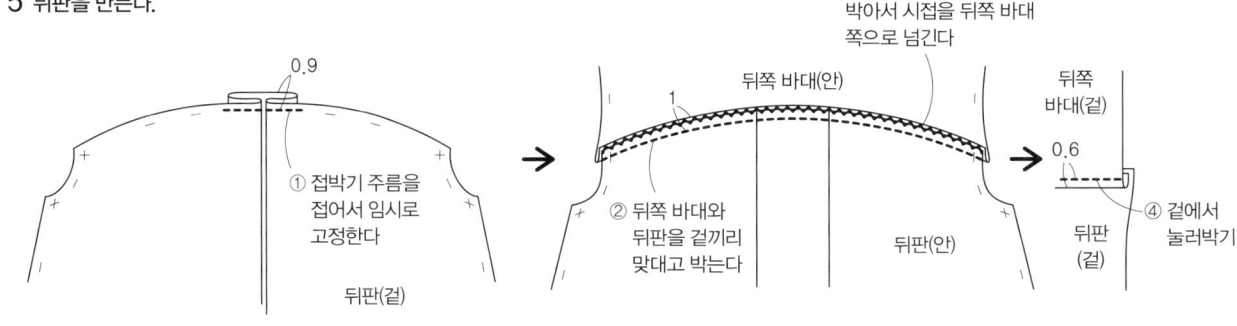

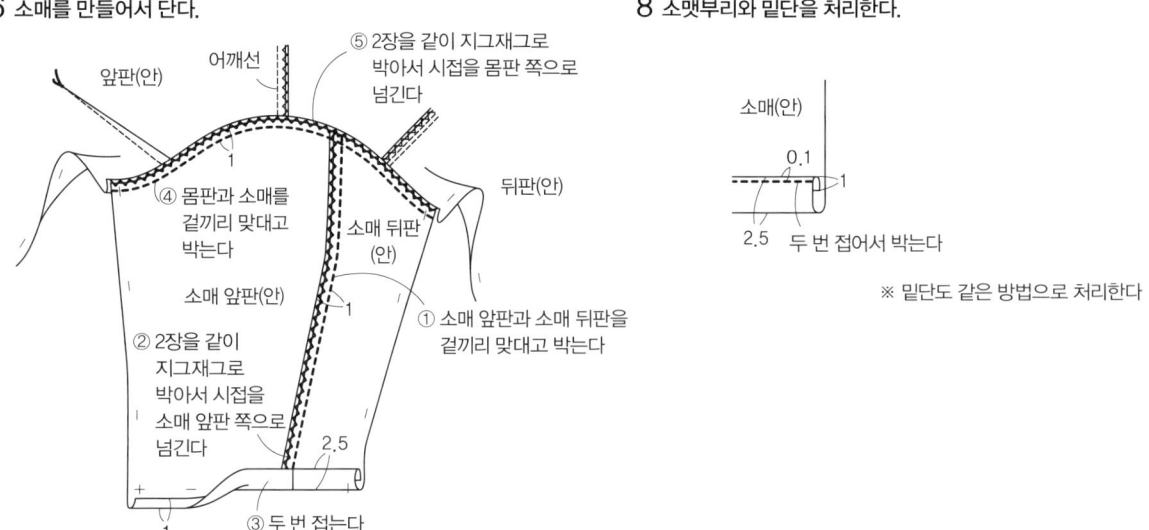

앞판(안)
어깨선
⑤ 2장을 같이 지그재그로 박아서 시접을 몸판 쪽으로 넘긴다
1
④ 몸판과 소매를 겉끼리 맞대고 박는다
뒤판(안)
소매 뒤판 (안)
소매 앞판(안)
1
① 소매 앞판과 소매 뒤판을 겉끼리 맞대고 박는다
② 2장을 같이 지그재그로 박아서 시접을 소매 앞판 쪽으로 넘긴다
2.5
1
③ 두 번 접는다

8 소맷부리와 밑단을 처리한다.

소매(안)
0.1
1
2.5
두 번 접어서 박는다

※ 밑단도 같은 방법으로 처리한다

암리타 Photo P.8

Point
TWELVE의 대표적인 디자인. 바대와 몸판의 다양한 조합을 즐길 수 있습니다. 바대를 달 때는 열접착 양면테이프를 사용하면 깔끔하게 마무리되니 한 번 사용해 보세요. 허리끈은 없어도 괜찮습니다.

완성 치수
(왼쪽에서부터 사이즈 1 / 사이즈 2)
가슴둘레 102 / 108cm
전체 길이 112.5 / 117.5cm

재료 (왼쪽에서부터 사이즈 1 / 사이즈 2)
● 긴소매
- 와이드 폭 벨기에 리넨 40수 차콜그레이 140cm 폭×330 / 340cm
- 윌리엄 모리스 Pimpernel 8365-II 검정 110cm 폭×50cm
- 1cm 폭 늘어남 방지 접착테이프 40cm
- 접착심지 30×35cm
- 5mm 폭 열접착 양면테이프 150cm
- 지름 1.15cm 단추 5개
- 잘라 쓰는 단춧고리 5개

● 7부 소매에 사용한 옷감
- 코튼 40수 능직 다운프루프 와이드 폭 오프화이트 143cm 폭×340cm

옷본
- 실물 크기 옷본 C면【3】
  1-앞쪽 바대, 2-앞판, 3-뒤쪽 바대, 4-뒤판, 5-소매 앞판, 6-소매 뒤판, 7-소맷부리 안단(긴소매), 8-소맷부리 안단(7부 소매)
- 실물 크기 옷본 A면【공통 주머니】

〈 만드는 순서 〉
1. 앞판에 주머니를 만든다. → P.37-1 참조
2. 끈을 만든다.
3. 몸판을 만든다.
4. 바대를 만든다.
5. 몸판과 바대를 잇는다.
6. 소매를 만든다.
7. 옆선을 박고 소매를 단다.
8. 끈 고리를 만들어서 단다.
9. 밑단을 처리한다.

〈 옷감을 마름질하는 법 〉

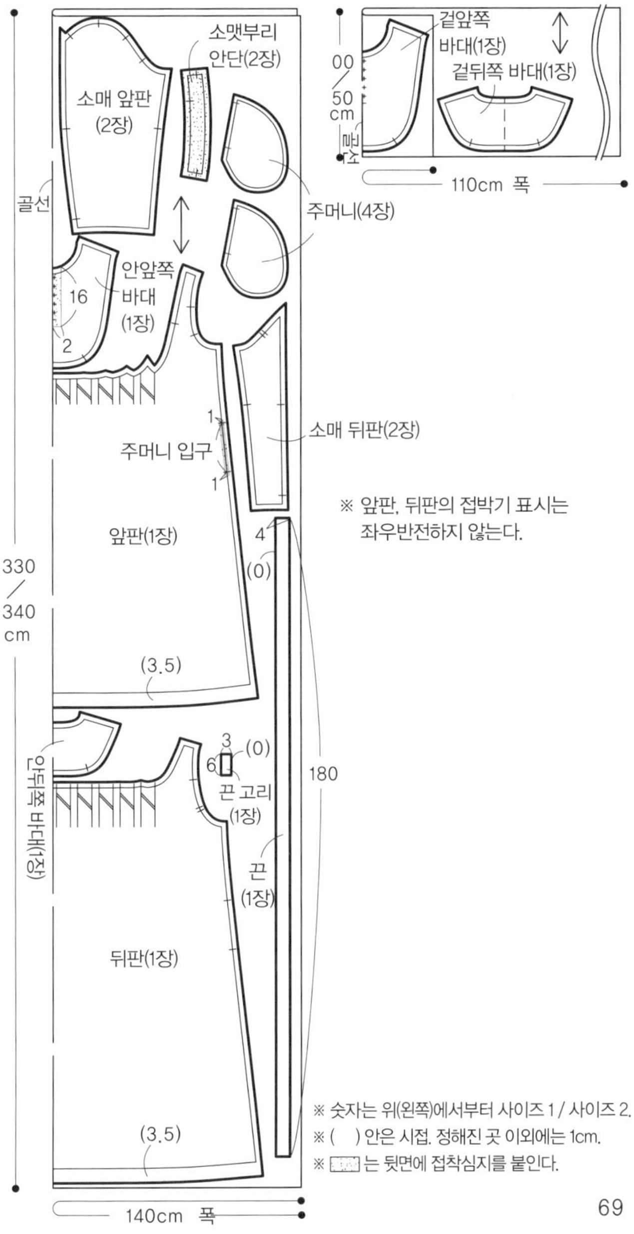

※ 앞판, 뒤판의 접박기 표시는 좌우반전하지 않는다.

※ 숫자는 위(왼쪽)에서부터 사이즈 1 / 사이즈 2.
※ ( ) 안은 시접. 정해진 곳 이외에는 1cm.
※ ▨ 는 뒷면에 접착심지를 붙인다.

〈 준비 〉
· 앞판의 주머니 입구 시접에 늘어남 방지 접착테이프를 붙인다.
· 안앞쪽 바대의 앞판 중심과 소맷부리 안단에 접착심지를 붙인다.

2 끈을 만든다.

3 몸판을 만든다.

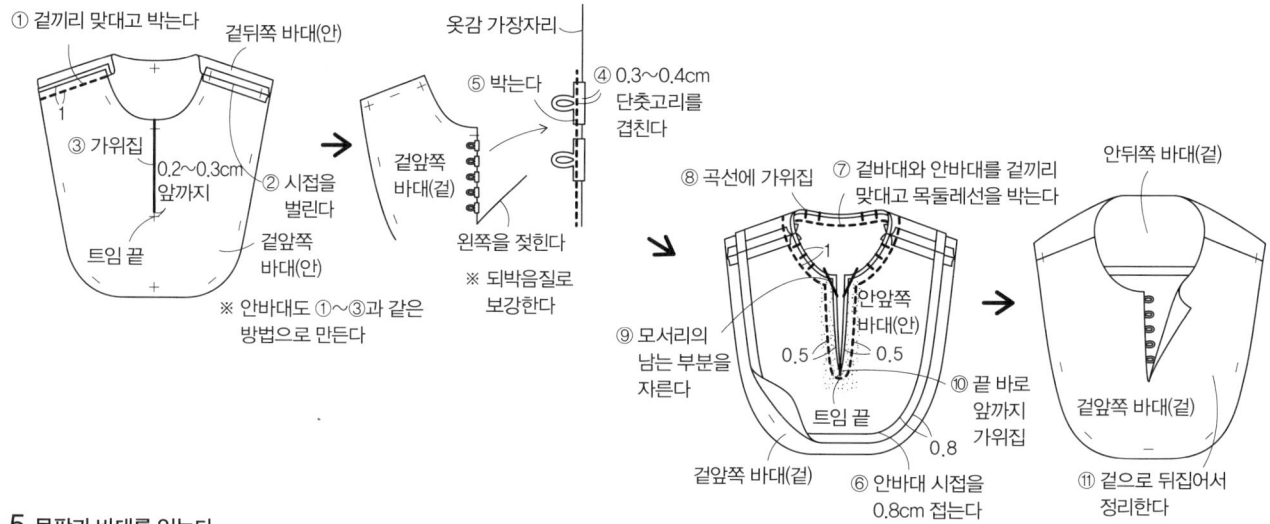

4 바대를 만든다.

5 몸판과 바대를 잇는다.

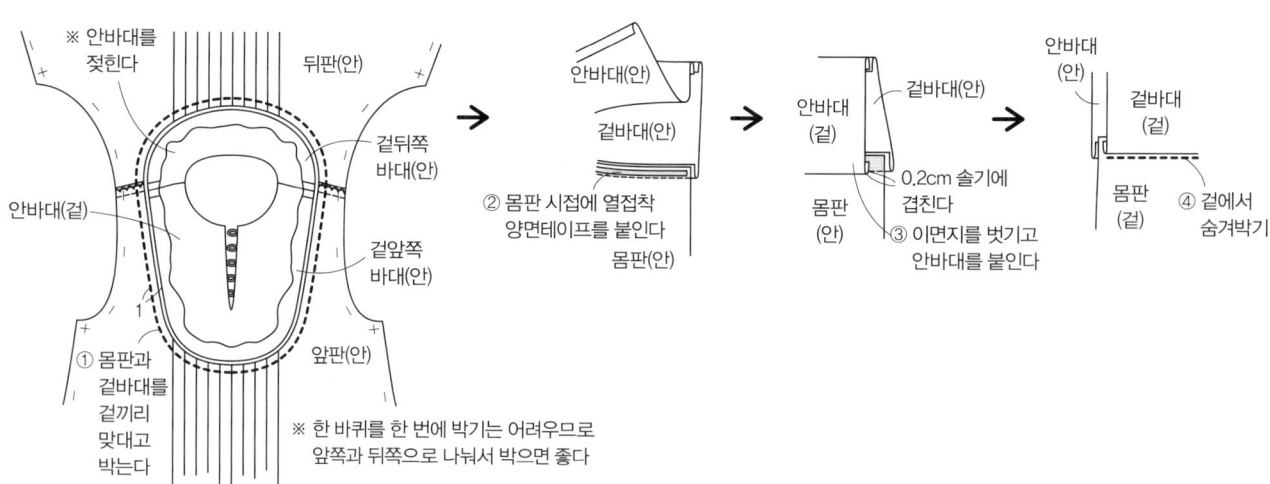

6 소매를 만든다.

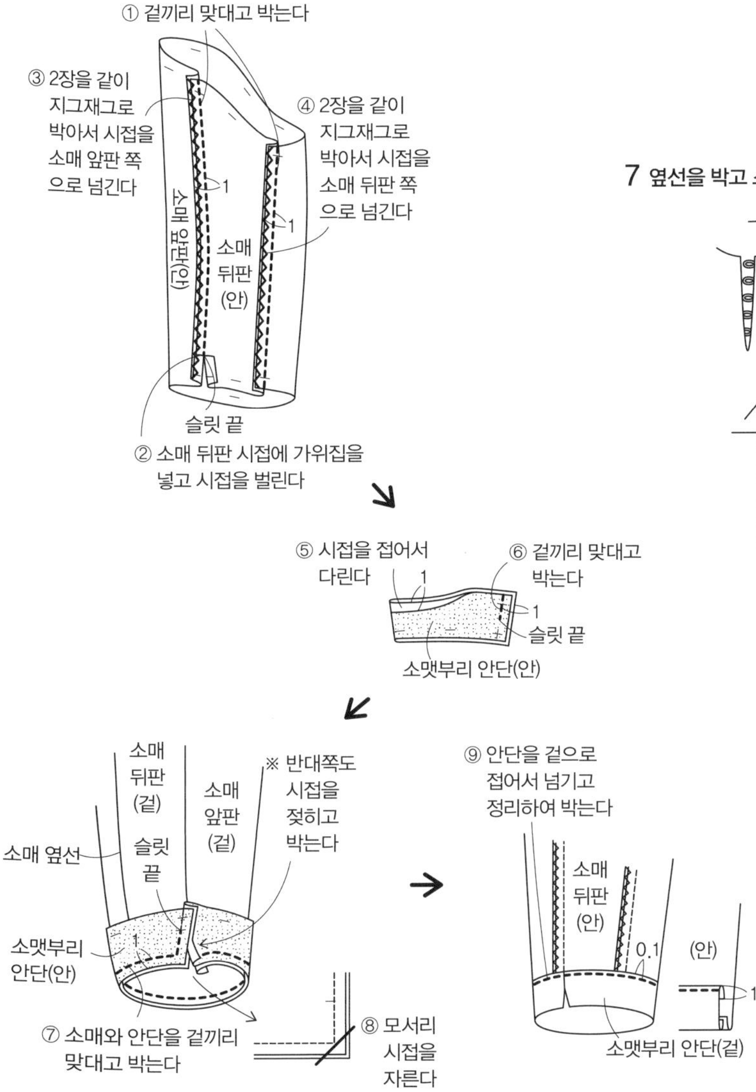

① 겉끼리 맞대고 박는다
③ 2장을 같이 지그재그로 박아서 시접을 소매 앞판 쪽으로 넘긴다
④ 2장을 같이 지그재그로 박아서 시접을 소매 뒤판 쪽으로 넘긴다
1
1
소매 앞판(안)
소매 뒤판 (안)
슬릿 끝
② 소매 뒤판 시접에 가위집을 넣고 시접을 벌린다
⑤ 시접을 접어서 다린다
1
⑥ 겉끼리 맞대고 박는다
1
슬릿 끝
소맷부리 안단(안)
소매 뒤판 (겉)
소매 앞판 (겉)
※ 반대쪽도 시접을 젖히고 박는다
소매 옆선
슬릿 끝
소맷부리 안단(안)
1
⑦ 소매와 안단을 겉끼리 맞대고 박는다
⑧ 모서리 시접을 자른다
⑨ 안단을 겉으로 접어서 넘기고 정리하여 박는다
소매 뒤판 (안)
0.1
(안)
1
소맷부리 안단(겉)

7 옆선을 박고 소매를 단다.

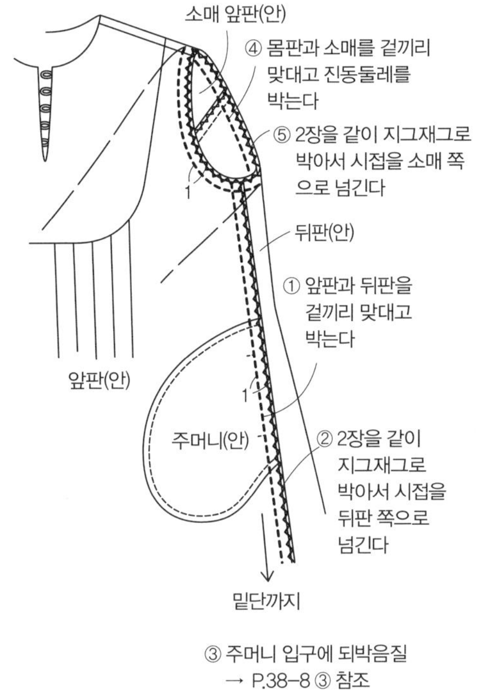

소매 앞판(안)
④ 몸판과 소매를 겉끼리 맞대고 진동둘레를 박는다
⑤ 2장을 같이 지그재그로 박아서 시접을 소매 쪽으로 넘긴다
1
뒤판(안)
① 앞판과 뒤판을 겉끼리 맞대고 박는다
앞판(안)
1
주머니(안)
② 2장을 같이 지그재그로 박아서 시접을 뒤판 쪽으로 넘긴다
밑단까지
③ 주머니 입구에 되박음질 → P.38-8 ③ 참조

8 끈 고리를 만들어서 단다.

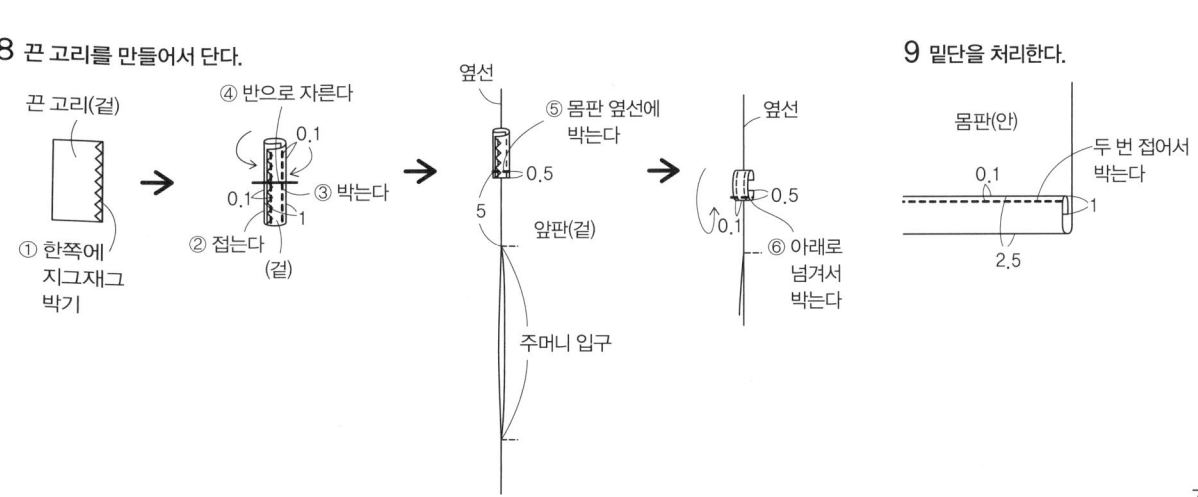

끈 고리(겉)
① 한쪽에 지그재그 박기
④ 반으로 자른다
0.1
0.1
③ 박는다
1
② 접는다
(겉)
옆선
⑤ 몸판 옆선에 박는다
0.5
5
앞판(겉)
주머니 입구
옆선
0.5
0.1
⑥ 아래로 넘겨서 박는다

9 밑단을 처리한다.

몸판(안)
두 번 접어서 박는다
0.1
1
2.5

"12 NO KATACHIDE TANOSHIMU ASOBIGOKORO NO ARU OTONAFUKU" (NV80771) by Sachiko Nigam
Copyright © Sachiko Nigam / NIHON VOGUE-SHA 2023
All rights reserved.
First published in Japan in 2023 by NIHON VOGUE Corp.
Photographer: Yoshihiro Miyoshi
This Korean edition is published by arrangement with NIHON VOGUE Corp.,
Tokyo in care of Tuttle-Mori Agency, Inc., Tokyo, through Botong Agency, Seoul.

이 책의 한국어판 저작권은 Botong Agency를 통한 저작권자와의 독점 계약으로 즐거운상상이 소유합니다.
신 저작권법에 의하여 한국 내에서 보호를 받는 저작물이므로 무단전재와 무단복제를 금합니다.

입을수록 편안한 루즈핏 원피스

1쇄 펴낸날 2024년 8월 5일

지은이 _ 니가무 사치코
옮긴이 _ 남궁가윤
펴낸이 _ 정원정, 김자영
편집 _ 홍현숙
디자인 _ 김민정

펴낸곳 _ 즐거운상상
주소 _ 서울시 중구 충무로 13 엘크루메트로시티 1811호
전화 _ 02-706-9452 팩스 _ 02-706-9458
전자우편 _ happydreampub@naver.com
인스타그램 _ happywitches
출판등록 _ 2001년 5월 7일
인쇄 _ 천일문화사

ISBN 979-11-5536-218-1 (13630)

* 이 책의 모든 글과 그림, 사진, 디자인을 무단으로 복사, 복제, 전재하는 것은 저작권법에 위배됩니다.
* 잘못 만들어진 책은 서점에서 교환하여 드립니다.
* 책값은 뒤표지에 있습니다.